Richard Rohr

Nicht die ewige Leier

Richard Rohr

Nicht die ewige Leier

Den Glauben
neu zur Sprache gebracht

Aus dem Amerikanischen übertragen
von Bernardin Schellenberger

Herder
Freiburg · Basel · Wien

Titel der Originalausgabe
Near Occasions of Grace
Orbis Books, Maryknoll / New York

Herstellung: Clausen & Bosse, Leck
Gedruckt auf umweltfreundlichem,
chlorfrei gebleichtem Papier
ISBN 3-541-23280-4

Dieses Buch widme ich meinem Vater, Richard Rohr sen., einem Mann aus der Erde von Kansas, einem Mann voller Demut, einem Mann voller Weisheit und Großzügigkeit.

Ihm verdanke ich es, daß ich dem Vater im Himmel Glauben und Vertrauen schenken kann. Er hat mich für die Liebe freigesetzt und mich dazu inspiriert, mir die großen Väter der Geschichte zum Vorbild zu nehmen und die falschen Patriarchen, die auch ohne mein Zutun von ihren Sesseln stürzen werden, links liegen zu lassen.

Sein Leben war ein Beispiel dafür, wie Gott „die Mächtigen vom Thron stürzt und die Niedrigen erhöht" (Lk 1,52).

Wenn dir die Gnade als Strafe erscheint, bist du in der Hölle.

Wenn du hin- und hergerissen bist zwischen Gnade und Strafe, bist du im Fegfeuer.

Wenn du die Gnade annehmen kannst, ohne etwas bezahlen oder sühnen zu wollen, bist du im Himmel.

Inhalt

Vorwort 9

ERSTES KAPITEL
Gottes befreiende Botschaft
Betrachtungen über Jesus 19

Verheißungen, die Energien wecken 19
Sich der Zukunft erinnern 22
Wort, das Fleisch geworden ist 25
Den auferstandenen Jesus verkörpern 29

ZWEITES KAPITEL
Umkehr
Von der Selbst-Verwirklichung
zur Selbst-Überschreitung 33

Das Zeitalter der Subjektivität 33
Die Sprache des Individualismus 37
Der Verlust der Gemeinschaft 40
Wissen und lieben 44
Kontemplation 48

DRITTES KAPITEL
Reine Leidenschaft
Die Heiligkeit der menschlichen Sexualität . . 53

Leibhaftig gewordener Geist 53
Sehnsucht nach Ganzheit 72
Ehe und Zölibat 84

VIERTES KAPITEL
Gemeinschaft
Gottes Strategie für die widerspenstige Kirche . 94

Familiengemeinschaft schaffen 94
Kriterien für das Wachstum der Gemeinschaft . . 104
Gemeinsam Schöpfer des Lebens sein 117

FÜNFTES KAPITEL
Sorgloses Sorgen umeinander
Die Zukunft des Ordenslebens 128

Die Armen sind unsere Lehrmeister 132
Gemeinschaften der Gerechtigkeit 135
Unserer Kultur das Evangelium nahebringen . . . 137
Spielregeln für das Einssein 141
Die Berufung zu geistlicher Freundschaft 144

SECHSTES KAPITEL
Von Gottes Gnade leben
Vertrauen, Verzweiflung und Versöhnung . . . 147

Ein völlig anderer – und doch genau der gleiche . 147
Die Verzweiflung beim Namen nennen 152
Mut zum Verzeihen 158

SIEBTES KAPITEL
In dieser Welt als Christ leben
Ein Interview mit Richard Rohr 165

Vorwort

„Über die besten Dinge kann man nicht reden", hat Heinrich Zimmer gesagt. Von den zweitbesten Dingen redet man gewöhnlich mißverständlich, weil wir dabei Bilder und Vergleiche benützen, mit denen wir die besten Dinge andeuten wollen. So reden wir die meiste Zeit unseres Lebens von den drittbesten Dingen, weil wir aus dem eingefleischten Bedürfnis heraus, von irgendjemandem verstanden zu werden, eben reden müssen.

In diesem Buch setze ich mich bewußt der Gefahr des Mißverstandenwerdens aus, denn ich will über die zweitbesten Dinge reden, also über jene Lebensqualitäten, die ihrer Natur nach über sich hinaus auf das „Mehr als Alles" verweisen.

Viele Christen sind mit der eindringlichen Warnung erzogen worden, die „Gelegenheiten zur Sünde" zu meiden. In dieser Sammlung von Aufsätzen, die in einem Zeitraum von 15 Jahren entstanden sind, geht es darum, „Gelegenheiten zur Gnade"* aufzuzeigen für Menschen, die am Ende des zweiten Jahrtausends der christlichen Überlieferung glauben oder um Glauben ringen. Zu diesem Zweck hat Robert Ellsberg in geduldiger Kleinarbeit meine Äußerungen zu vielfältigen

* Anspielung auf den Titel der amerikanischen Ausgabe: „Near Occasions of Grace".

geistlichen Themen durchgesehen und hier zusammengestellt. Wir hoffen, diese Textsammlung öffnet tatsächlich vielen Zeitgenossen die Augen für „Gelegenheiten zur Gnade".

Ich glaube, man kann ohne Übertreibung sagen, daß die westliche Zivilisation offensichtlich in einer Verfassung geistlichen Notstands ist. Überraschender aber ist die Tatsache, daß sogar die Kirche diesen Notstand teilt. Wenn eine Religion uns mit Erfolg in Beziehung zum „Mehr als Alles" bringen will, dann muß sie ein hoffnungsträchtiges symbolisches Universum schaffen, das die Seele des Menschen mit Zuversicht erfüllt und zugleich in die Weite der Freiheit führt. Der Umstand, daß derzeit sowohl die „rechten" wie die „linken" Katholiken mit ihrer Kirche äußerst unzufrieden sind, ist ein sehr deutlicher Hinweis darauf, daß die Kirche dies nicht mehr fertigbringt und der Seele der Menschen das Christus-Symbol nicht mehr wirksam vermitteln kann. Wo „Gott herrscht", da fügen sich auch alle widerstrebenden Elemente zu einer einzigen zusammenhängenden Ganzheit zusammen; es wird klar, wie die Dinge laufen müssen, auch wenn das noch so anspruchsvoll sein mag. Wir aber leben nicht mehr in einer so eindeutig plausiblen Welt. Das kosmische Ei ist zersprungen.

Wir versuchen das Evangelium an Menschen heranzutragen, die ihren eigenen Wurzeln und ihrer religiösen Geschichte entfremdet sind. Traurigerweise müssen wir auch von uns selbst sagen, daß wir bis in unseren Kern und unsere elementarsten Grundlagen hinein Entfremdete sind. Das massenhafte Auftreten von Neurosen bei so vielen „normalen" Menschen im Westen läßt sich nicht anders erklären. Die Menschen haben still und leise einen Pakt mit den falschen Göttern geschlossen, auch wenn sie nach außen hin Christus die Ehre erweisen. Die tragische Folge ist ein schizophrener Zustand, ein durch und durch gespaltenes Bewußtsein.

Auf praktischem Gebiet äußert sich das in einer Polarisierung auf allen Ebenen. Die einzelnen Gruppen der Gesellschaft verlieren die Fähigkeit, einander zu respektieren, sich im staatsbürgerlichen Dialog einzubringen und grundsätzlich anderen das zuzugestehen, was Gott offensichtlich in großer Geduld zuläßt: daß jeder Mensch ein Ringender ist und daß das Leben an sich grundsätzlich tragischer Natur ist. Alte Religionen haben solche Weisheit in Bildern wie etwa dem vom „Schicksalsrad", dem niemand in die Speichen greifen kann, zum Ausdruck gebracht. Die östlichen Religionen haben vom „Yin" und „Yang" aller Dinge gesprochen. Die katholische Christenheit hat dieses Weisheitswissen mythisch und brillant als das Paschamysterium dargestellt: „Deinen Tod, o Herr, verkünden wir, und deine Auferstehung preisen wir, bis du kommst in Herrlichkeit!" Im Ritus der Eucharistie wird dieses Erlebens-Urmuster immer noch als das grundlegendste Glaubensgeheimnis dargestellt. Aber ein Volk, das von den fixen Ideen des Fortschritts, des Wachstums, des Konsums und der Knopfdruck-Wunscherfüllung besessen ist, hat die Software, die notwendig ist, um diese Botschaft noch entschlüsseln zu können, verlegt. Ich glaube jedoch, die Hardware liegt immer noch bereit, und zwar auf dem unermeßlichen Feld der „Gelegenheiten zur Gnade", die uns nur nicht mehr bewußt sind.

Die Risse und Klüfte zwischen lauter Menschen, die es eigentlich gut meinen, scheinen heutzutage unüberbrückbar zu sein. Ich will nur einige ganz offenkundige nennen: Männer gegen Frauen, Reiche gegen Arme, Liberale gegen Konservative, Christen gegen Nichtchristen, Verfechter des Rechts auf Abtreibung gegen Verteidiger des ungeborenen Lebens, hochentwickelte Welt gegen unterentwickelte Welt, Angestammte gegen Ausländer, Erneuerer von innen gegen Veränderer von außen, Heterosexuelle gegen Homosexuelle, Hierarchie gegen Laien, Weiße gegen Farbige – und jegliche Schattierung jeglicher Frage dazwischen. Wir sind alle auf einem einzigen eng begrenzten Planeten zusammengedrängt und müssen irgendwie lernen, miteinander auszukommen; gleichzeitig müssen wir auch noch dafür Sorge tragen, daß diese uns gemeinsame Erde unter unseren fünf Milliarden Paar Füßen weiterhin Bestand hat.

An all dem ist keiner allein schuld, und gemeinsam tragen wir die Verantwortung dafür, daß dieser Bruch behoben wird. Ich kann mir nicht vorstellen, was sonst unserem Schöpfer zur Freude und zur Ehre gereichen könnte. Es hieße lediglich kostbare Zeit vergeuden, würden wir jetzt den Versuch anstellen, die Schuldigen für unseren gegenwärtigen Zustand zu suchen: irgendwelche Geschichtsepochen, Nationen, die Kirche oder gar unsere Vorfahren und Eltern. Wenn wir nicht mehr in der Lage sind, uns ein symbolisches Universum zu erschaffen, mit Gott auf dem Hochaltar, niedrigeren Chargen auf den Seitenaltären, Schutzgeistern über den Portalen und Wasserspeiern an den Dachtraufen, dann bleiben uns nur mehr unsere private Pathologie und alle Arten von Psychologismen, um uns unseren Zustand zu erklären. Jede Gruppe proklamiert und sichert ihre „Rechte“, Schwachstellen und Spielwiesen und behauptet, sie sei moralisch allen anderen überlegen. Ein gemeinsames Leben ist dann nur noch in der kleinen Enklave möglich, in der ich mit meinesgleichen zusammen bin. Die „ek-klesia“, das Volk der „Heraus-Gerufenen“, stellt dann nicht mehr die Verheißung einer neuen Sozialordnung dar, sondern allzuoft nur noch eine wohlversicherte Gesellschaft, die unvermeidlich Partei für alle „werterhaltenden Gedanken“ ergreift und diese allzuschnell für heilig und orthodox erklärt. Solche Gedanken mögen sich häufig durchaus zur Sicherung des Ego und der eigenen Interessen eignen, aber leider haben sie allzuoft wenig zu tun mit dem faszinierenden Wagnis der Suche nach Gott. Eine Religion, die bloß das Fürwahrhalten bestimmter Dogmen oder das Einhalten einer soliden bürgerlichen Moral verlangt, erschließt uns nicht die Fülle der Offenbarungen, die uns die Welt des Geistes bereithält. Im Gegenteil: sie versperrt uns den Weg in die bewußte Trauer, in das Geheimnis, in das Paradox, in das kollektive Unbewußte, in die Ekstase, in das universale Mitleiden, in die Wirklichkeit des kosmischen Christus.

Ich glaube, daß der zum Christus gewordene Jesus immer noch der ist, der alles wirklich Menschliche und Gute vollkommen erschließt. Sein Kreuz steht an der Stelle, an der Himmel und Erde, Göttliches und Menschliches, Inneres und Äußeres aufeinander treffen, und es stellt zugleich klar vor Augen, welchen Preis es kostet, beides miteinander in Einklang zu bringen. Offensichtlich lautet ein grundlegendes Gesetz aller Wirklichkeit, daß immer etwas sterben muß, damit etwas anderes leben kann. Das kommt einem besonders tragisch und unannehmbar vor, wenn das, was leben soll, nicht schlecht, sondern gut und offensichtlich notwendig ist. Das unschuldige Lamm muß geschlachtet werden. Das ist das „verbindende Grundmuster" aller Dinge, sei es in der physischen Welt der Pflanzen und Tiere oder in der psychischen Welt der Beziehungen. Aber während Gegenstände und Tiere nicht dagegen aufbegehren, tun das die Menschen sehr wohl. C.S. Lewis hat einmal gesagt: „Wir sind nicht nur unvollkommene Geschöpfe, die noch wachsen müssen, sondern auch Rebellen, die ihre Waffen strecken müssen." Ein moderner Mensch, der sich äußerst wichtig vorkommt, wird diese Aussage nicht so leicht hinnehmen wollen. Aber vielleicht wird uns doch einmal das allumfassende Seufzen und Stöhnen der Menschheit und der Erde so weit bringen, daß wir unsere privaten Waffen strecken und mit unserem eigenen Leib und Leben den Preis für die Versöhnung zahlen. Besteht nicht darin die Botschaft des Paschalamms, das geschlachtet wird, um zu leben?

Als äußerst praktisch gesinnte Menschen, die vor allem Effektivität anstreben, suchen wir nach Lösungen für unsere vielfältigen Probleme. Steckt nicht vielleicht schon im Wort „Lösung" ein sehr praktischer Hinweis? In der Chemie bezeichnet man als „Lösung" die Vermischung mehrerer Elemente, wobei jede der beteiligten Substanzen sich auflöst, also „stirbt". In mir regt sich ein ganz natürlicher Widerstand, meine einmalige private Geschichte einfach in der großen Gesamtgeschichte aufgehen zu lassen. Normalerweise lassen wir erst dann los, wenn man uns mit Gewalt dazu zwingt oder uns verwundet. In den Mythologien aller großen Weltreligionen stellt das Verwundetwerden den Übergang von der kleinen Eigenwelt in die weite transzendente Welt hinein dar. Unser Ego muß erst besiegt am Boden liegen, ehe wir es der „Lösung" aussetzen und unsere kleine Welt in das umfassende Gesamtbild einfügen. Wenn mich meine Wunde dazu bringt, diesen Übergang zu schaffen, dann kann ich sie zu Recht als eine heilige Wunde bezeichnen. Treibt sie mich dagegen in mein Schneckenhaus und meine Abwehrhaltung zurück, so handelt es sich um jene viel häufiger auftretende Wunde, die nur bitter und selbstmitleidig macht. Ich fürchte, das ist der kritische Punkt: ein Großteil der Welt und auch der Kirche leckt sich die letztere Art von Wunde. Diese stinkt und blutet, und die Menschen sind bitter und böse, daß ihnen das Leben so übel mitgespielt hat.

Wer aber klärt die Welt darüber auf, daß es auch eine heilige Wunde gibt? Wer verkündet das Reich Gottes, das auf der anderen Seite des Tunnels auf uns wartet? Wer führt den Kindern Gottes vor Augen, daß sie auf ihrem Lebensweg schon hier und heute voll Zuversicht sein dürfen? Wer eröffnet den Zugang zur Weisheit und zum Geheimnis, statt bloß immer wieder scharfe Grenzen um Glaubensgemeinschaften und Konfessionen zu ziehen und moralische Prinzipien zu verkünden? Ich bin der festen Überzeugung, daß wir Männer und Frauen, Seelsorger und Seelsorgerinnen, Heiler und Heilerinnen brauchen, die in einem bestimmten Punkt konsequent und treu sind und zugleich überall Gott die Ehre geben, die zu einer universalen Tischgemeinschaft fähig sind, weil sie sich treu an einem bestimmten Ort eingesetzt haben – und das heißt immer: die ganz auf den Einen Gott ausgerichtet sind. Eugen Peterson hat gesagt, daß wir auf Menschen warten, die einen genügend langen Atem haben, um in zähem Gehorsam lange Zeit beharrlich ein und dieselbe Richtung einzuhalten. Diese eine Richtung mag so viele Umleitungen und Kurven haben wie die Spaghetti auf einem Teller – dennoch weiß die Seele, wem sie gehorcht hat, und aus der Großen Geschichte kann sie immer wieder ablesen, woher sie kommt und wohin sie unterwegs ist.

Unsere Aufgabe besteht also darin, die Menschen darauf hinzuweisen, daß es eine heilige Wunde gibt, und selbst entsprechend zu leben. Wir sind immer wieder versucht, etwas für krank zu erklären oder vorschnell mit frommer Feierlichkeit zu übergießen oder alles wieder rasch auf die Reihe zu bringen. Glaube – das wäre die zähe Weigerung, sich auf eine dieser drei Alternativen einzulassen. Natürlich ist es unmöglich, alle Selbstsicherung fahren zu lassen, wenn man nicht auf Gott und auf ein letztlich uns wohl gesonnenes Universum vertraut. Es ist unmöglich, rundweg an die Wunde und an die Niederlage zu glauben. Selbstfabrizierte Siege aber halten auch nicht lange und bieten keine Grundlage für wirkliche Hoffnung.

Geistliche Notstände sind aber zweifellos auch besondere Chancen für geistliche Durchbrüche. Und so leben wir heutzutage mit zahlreichen *„Gelegenheiten zur Gnade"*. Wenn die Schmerzen ins Unerträgliche wachsen und alles sich rasant verändert, bleibt uns schließlich nichts anderes mehr übrig, als doch wieder mit dem Leben anzubandeln. Wir stehen vor der Tatsache, daß es nichts Altes mehr unter der Sonne gibt, und die Grundmuster der Natur, der Schrift und anderer überlieferter Mythologien erweisen sich dennoch als wahrer als wir dachten. Die meisten Menschen aber, die sich als Traditionalisten bezeichnen, sind ganz und gar nicht mit der Tradition verbunden. Es handelt sich bei ihnen lediglich um Konservative. Das Ego ist ja von Natur aus konservativ: es will festhalten. Andererseits sind die meisten Liberalen außerstande, etwas von Bestand zu schaffen, weil es ihnen letztlich nur um ihr persönliches Wachstum und um politische Machbarkeit geht. Sie verkennen die wesentlich tragische Natur des Lebens und den Umstand, daß die Schlachtung des Lammes unumgänglich ist. Das kratzt alle Vernunft und Ordnung an, aus der sich die moderne Welt ihren Teppich von Plausibilitäten gewoben hat. Mein Buch hier lebt stark aus der *Tradition*. Deshalb werden es manche als allzu radikal empfinden. Aber das ist nun einmal das eigentliche Grundmuster.

Ich wage es, von Glauben, Mythos und Geheimnis zu sprechen. Ich nehme mir auch heraus, Identität, Grenzen und das Heilige zu erörtern. Ich rufe sogar die Christen auf, sich tief, persönlich und *ausschließlich* auf Jesus, den Christus einzulassen, – und das deshalb, weil seine Botschaft tief und persönlich ist und die *Hingabe an alles einschließt*, was Gott geschaffen hat. Ein persönlicher Gott erschließt uns ein personhaftes und gütiges Universum; ein leidenschaftlicher Gott leitet uns an und erlaubt uns, unserer Leidenschaft zu trauen; ein verwundeter Gott sagt uns, daß Absurdität und Chaos nichts das Letzte sind. Jesus, der Kosmische Christus, ist das Urmuster, das alles verbindet, ist das Leben, das alles rettet.

Ich hoffe und bete, daß diese zweitbesten Worte für Sie, meine Leser, zu *„Gelegenheiten zur Gnade"* werden. Ich bete darum, daß meine Worte sich dem, was Gott in Ihrem Leben und in der Welt tun will, nicht hinderlich in den Weg stellen. Ich bete darum, daß diese Worte nicht bloß Worte und die „ewige Leier" seien, sondern „Geist und Leben" – eine Kraft, die Sie fest in der Nachstelle verankert zwischen der Welt, wie sie ist (Macht) und der Welt, wie sie gedacht ist (Liebe). Sowohl Liebe wie Macht sind die beiden Grundsteine für Gottes Reich in dieser Welt; wir müssen beide respektieren und ihnen ihren angemessenen Platz einräumen. Denn Macht ohne Liebe verkommt zu bloßer Brutalität (sogar in der Kirche), und Liebe ohne Macht mißrät zur Sentimentalität von Leuten, die vom Ganzen abgetrennt sind. Das Evangelium in seiner Fülle hält die beiden Seiten zusammen, und darum habe ich immer noch Hoffnung für unsere Welt. Ich fühle mich bestärkt durch die Worte, die Jesaja nach dem Exil geschrieben hat:

> Deine Leute bauen die uralten Trümmerstätten wieder auf, die Grundmauern aus der Zeit vergangener Generationen stellst du wieder her. Man nennt dich den Maurer, der die Risse ausbessert, den, der die Ruinen wieder bewohnbar macht.
>
> (Jes 58,12)

Wenn man erst ins Exil gehen muß, ehe man solche Weisheit lernt, bin ich zu solchem Exil bereit. Nur Menschen im Exil sind weit genug fort von ihren Königreichen, um die besten Dinge, über die man nicht reden kann, wieder aufzubauen und herzustellen, die *„Gelegenheiten zur Gnade"*, die uns unablässig dazu einladen, zu etwas aufzubrechen, das „Mehr als alles andere" ist.

Fr. Richard Rohr OFM
Center for Action and Contemplation
Albuquerque, New Mexico

ERSTES KAPITEL

Gottes befreiende Botschaft

Betrachtungen über Jesus

Verheißungen, die Energien wecken

Heute sind wir felsenfest davon überzeugt, unsere Wünsche seien grundsätzlich alle erfüllbar. Wir sind in einer absolut einmaligen Epoche der Geschichte aufgewachsen, in der die Möglichkeit, alles zu haben, zu besitzen und zu erlangen, in unmittelbare Reichweite gerückt ist. Das hat uns die Illusion geschenkt, wir könnten ganz und gar zur Erfüllung kommen, und obendrein noch die weit gefährlichere Illusion, wir hätten ein *Recht* darauf, alles erfüllt zu bekommen, und zwar *auf der Stelle*. Alles komme nur darauf an, so meinen wir, clever und schnell genug zu sein, intensiv genug darum zu beten oder daran zu arbeiten, um alle unsere Ziele zu erreichen.

Wir meinen, ein Spatz in der Hand könne uns mit Energie erfüllen. Aber es sieht ganz so aus, als sagten uns das Wort Gottes und die Geschichte aller, die mit diesem Wort gerungen haben, die Taube auf dem Dach wecke in Wirklichkeit viel mehr Energien in uns. Gottes Volk wird durch Verheißungen in die Zukunft geführt. Verheißungen, in Aussicht gestellte Erfüllungen und Ziele sind es, die die Herzen der Menschen darin bestärken, alle Wagnisse und Risiken auf dem Weg zum Ziel auf sich zu nehmen.

Gottes Volk wird vom Ruf als solchem fasziniert und

auf den Weg gebracht, und zwar viel stärker als durch das direkte Sehen des Angesichts Gottes oder durch die Gewißheit, daß Gott auf alle Fragen eine Antwort geben wird oder durch die beständige Gegenwart der Freude Gottes. Gott ist „unsere Gerechtigkeit" nicht dadurch, daß er uns ganz erfüllt, sondern dadurch, daß er uns von dort, wo wir sind, herausruft. Gott macht uns nicht ganz heil, indem er schon alles wahr werden läßt, sondern indem er uns verspricht, daß alles in der Zukunft wahr werden wird. Gott sagt uns, wer wir sind, indem er uns sagt, wer wir werden sollen. Im Grunde reicht das. Es wirkt! Zumindest wirkt es bei denen, die glauben gelernt haben: „Selig ist die, die geglaubt hat, daß sich erfüllt, was der Herr ihr sagen ließ!" (Lk 1,45).

Gegen alles Wunschdenken ist es nicht die Erfüllung, die die Menschheit vorwärtstreibt, sie auf den Weg ruft und bereichert. Nein, zweifellos werden wir vom Geheimnis dessen, was erst noch möglich wäre, vorangetrieben. Träume spornen uns an, Hoffnungen inspirieren uns dazu, etwas zustande zu bringen. Aus diesem Grund hat sich Gott uns auf eine Weise geschenkt, in der wir ihn aufnehmen und Anteil an ihm haben können, auch wenn wir das gar nicht als Geschenk begreifen und ihm folglich kaum dafür dankbar sind.

Gott hat uns ja bloß etliches *versprochen*. Wir aber glauben nur das, was wir hier und heute greifbar in Händen halten können. „Ja, ja – Versprechungen, Verheißungen!" – das ist im Mund von Menschen, die der Lügen der Werbung und des Geschwindels der Politiker müde geworden sind, verständlicherweise zu einem bitteren Vorwurf geworden.

Gott aber scheint schon sehr lange auf dem Weg zu

sein, und deshalb kommt es ihm auf das, was hier und heute geschieht, nicht besonders an. Er redet weiter unbefangen von der Erfüllung seiner Versprechungen. Er hat offensichtlich einen ungeheuer langen Atem. Schon seit den Zeiten des David und des Jeremia macht er unablässig Versprechungen, und seit zweitausend Jahren leben die Jünger Jesu mit seinen Verheißungen. Wenn ich ganz ehrlich sein soll, dann muß ich sagen, daß ich mir – von meinem sehr beschränkten Standpunkt aus – gar nicht so sicher bin, daß Gott alle seine Versprechungen tatsächlich bis heute aufrecht erhalten hat: War David und seine ganze Abstammungslinie tatsächlich so ein „Erfolgstreffer"? Darf Juda denn wirklich „in Sicherheit wohnen"? War Jerusalem wirklich jemals die „Stadt des Friedens"? Warum hat schon Jesus seine Zeitgenossen für irgendwelche eschatologischen Schlachten alarmiert, für die wir heute einander immer noch zu alarmieren versuchen?

Die eigentliche Frage ist doch, in welcher Form Gott nun eigentlich sein Volk wiederherzustellen gedenkt. Auf welche Weise will er „der Herr der Gerechtigkeit" sein? Wie stellt es Gott an, daß wir, nachdem wir zunächst einmal ins Leben gesetzt sind, tatsächlich „wir selbst" werden?

Ich glaube, wir werden wie Gott, indem wir mit Gott fühlen; wir werden ganz, indem wir uns Gott anheimgeben. Ich vermute, Gott kennt seine Schöpfung nur zu gut. Gott wußte: Wenn er uns zufriedenstellt, werden wir schlapp. Gott wußte: Abgestumpfte merken nichts mehr, voll Befriedigte verlieren jede Sensibilität. Aus diesem Grund plagt uns Gott mit lauter Unzufriedenheit und lockt uns mit einigen Versprechungen wie einen Hund mit einer Wurst am Stecken. Das aber reicht, um zu leben; und daß an Gottes Verheißungen tatsächlich etwas dran ist, das können wir in den Leben der Heiligen erkennen.

Sich der Zukunft erinnern

Wir erkennen nur äußerst selten, wie Gott uns rettet. Merkwürdigerweise machen wir nur ganz spärlich Erfahrungen mit dem, was Gott uns bietet. Wir haben der Welt das Heil Gottes so kläglich vorgelebt, daß es fast kein Mensch mehr ernst nehmen will. Natürlich: wir sehnen uns nach Hilfe, wir sehnen uns nach Trost, wir sehnen uns nach magischen Rezepten, mit denen sich all unsere Probleme spielend lösen lassen. Aber ich bin mir durchaus nicht sicher, ob wir die angsterregende Freiheit, die Gott als unser „Heil" betrachtet, überhaupt sehen, geschweige denn haben wollen.

Das ist zuallererst eine Frage des richtigen Sehenkönnens. Das Sehen-können muß uns beigebracht werden. Es ist wie bei einer Künstlerin: Auch sie muß lernen, bei dem, was sie vor Augen hat, auf Kanten, Fluchtpunkte, Perspektive, Farben und Schattierungen zu achten, einzelne Ausschnitte sowie das Ganze zu beurteilen. Ebenso muß auch, wer glauben lernen will, noch einmal von vorne anfangen und alles neu sehen lernen. Um aber klar zu sehen, muß der Glaubensschüler das „Sich-Erinnern" erlernen: Er oder sie müssen lernen, die Einzelteile der Vergangenheit zu einem großen Ganzen zusammenzufügen.

Das Gedächtnis liefert oft den Schlüssel zum Verstehen. Das Gedächtnis integriert, versöhnt, und es setzt die einzelnen Personen einer Handlung als Teile des Ganzen in eine richtige Beziehung zueinander. Es sieht dabei so aus, als habe Gott die Liebe für uns mit einem Medium versetzt, das wir „Zeit" nennen. Wenn wir erkennen wollen, wie Gott wirkt und, wer Gott ist, dann müssen wir mit Paulus darum beten, daß unsere Liebe „immer noch reicher an Einsicht und Verständnis wird" (Phil 1,9). Liebe als bloßer guter Wille genügt nicht. Soll sich wirksam Liebe ereignen, dann muß sie geordnet, zeitlich richtig angesetzt und auf ihren Empfänger passend zugeschnitten werden. Ich glaube, genau auf diese Weise liebt Gott uns. Uns aber wird das nie aufgehen, solange wir nicht anfangen, uns auf unsere Erinnerungen zu besinnen.

Wenn wir uns daran erinnern, daß Gott sich an uns erinnert hat, wird diese Erinnerung für uns zu einer Straße in die Zukunft, zu der ebenen Bahn des Herrn, die uns Johannes der Täufer angekündigt hat. Wo es aber keine Erinnerung gibt, gibt es auch keinen Schmerz und deshalb auch keine Hoffnung. Die Erinnerung ist nämlich die Quelle sowohl für den Schmerz wie auch für die Freude. Wir müssen uns auf beide dieser Befindlichkeiten einlassen; denn es ist unmöglich, nur die eine ohne die andere zu haben. Wir dürfen nicht zu voreilig damit sein, „alle Wunden dieser Erinnerungen zu heilen". Zunächst einmal müssen wir sie alle auf uns wirken lassen und als Elemente unserer persönlichen Heilsgeschichte annehmen. Gott scheint uns dazu zu berufen, die gesamte Wirklichkeit zu erleiden und uns zugleich mit dem Guten auch an das Schlechte zu erinnern. Wahrscheinlich ist gerade das die Methode, uns auf den Weg zu einem ganz neuen Sehen und einer ganz neuen Hoffnung zu bringen. Unsere Erinnerung weckt unsere Bereitschaft, uns erlösen zu lassen; sie schafft eine Leere, die mit Liebe erfüllt werden möchte, und eine Fülle, die voller Freude über die Liebe ist.

Es scheint viel einfacher zu sein, sich seiner Verwundungen, sich der Augenblicke des Versagens und der Erfahrungen von Ablehnung zu erinnern. Fast könnte man sich fragen, ob wir einen Hang zum Leiden haben. Wir haben uns allzusehr an das Böse gewöhnt, haben uns mit der Sünde angefreundet. Solange wir noch nicht das richtige Sehen gelernt haben, fällt uns alles Negative nur allzuleicht in die Augen und nimmt uns in Beschlag. Offensichtlich schätzt Gott die Freiheit so hoch, daß er uns sehr anfällig für das Böse sein läßt.

Gegen diese todbringende Gefahr sind wir nur dann geschützt, wenn wir viel Gutes erfahren und uns dann immer wieder an dieses Gute erinnern. Solche Erfahrungen stärken unser Gefühl, nicht völlig uns selbst und einem bösen Schicksal überlassen zu sein. In diesem Sinn sagt der Prophet Baruch zu Jerusalem: „Habt Vertrauen, meine Kinder, schreit zu Gott! Denn er, der (das Unheil über euch) verhängt hat, wird wieder an euch denken... Deine Kinder... freuen sich, daß Gott an sie gedacht hat" (Bar 4,27 u. 5,5). Wenn wir die Erfahrung machen, daß Gott an uns denkt, und wenn wir uns daran immer wieder erinnern, dann sehen wir wieder Hoffnung für die Zukunft und können das Böse überwinden und ausmerzen.

Wenn wir aber über den engen Rahmen unserer blinden, selektiven und voreingenommenen Erinnerungen hinausgeführt werden sollen, dann brauchen wir jemanden, der prophetische Qualitäten besitzt. Wir brauchen einen Menschen, der die Dinge klar durchschaut, der den Weg schon gegangen ist und der sich an alle Einzelheiten erinnert. Dieser sagt zu uns: „Leg ab, Jerusalem, das Kleid deiner Trauer und deines Elends, und bekleide dich mit dem Schmuck der Herrlichkeit, die Gott dir für immer verleiht" (Bar 5,1).

Wähle dir also deine Freunde sorgfältig aus. Höre auf die, die dir Wahrheit zusprechen und dir helfen, dich an alles zu erinnern, „damit du sorgfältig auf das achtest, worauf es ankommt bis zum Tag Christi." Bitte Gott um Weggefährten (manchmal wird dein einziger Weggefährte Jesus sein!), die ein Stück des Wegs der Erinnerung mit dir gehen; die die Täler ausfüllen und die Berge und Hügel abtragen, die gewundenen Pfade gerade und die holprigen Strecken eben machen. Dann wird die Menschheit das Heil unseres Gottes schauen.

Zur Umkehr, zu der uns Johannes der Täufer aufruft, gehört es ganz wesentlich, daß wir – gemeinsam – erinnernd auf den bisherigen Weg zurückschauen, und daß wir dann aus dieser Erinnerung die Konsequenzen für unseren weiteren Weg ziehen. Das ist keine leichte Sache, denn es kann sehr weh tun, sich an alles zu erinnern. Aber um der Wahrheit willen müssen wir uns immer wieder darum bemühen. Das können wir umso leichter tun, als wir in der Kirche dafür einen Raum der Geborgenheit haben.

Darum: „Steh auf, Jerusalem, und steig auf die Höhe! Schau nach Osten und sieh" auf dein ganzes bisheriges Leben. Schau, was Gott dir aus freien Stücken geschenkt hat. Deine Hoffnung liegt in deiner Vergangenheit verborgen. „Und freue dich, daß Gott an dich gedacht hat!" (vgl. Bar 5,5).

Wort, das Fleisch geworden ist

Wenn Gott etwas von sich hergibt, erfüllt sich immer eine von zwei Möglichkeiten: Entweder wird Fleisch mit Geist erfüllt oder Geist wird zu Fleisch. Das ist im Grunde genommen ganz einfach, und ich wundere mich, daß dieser schlichte Vorgang von so wenigen klar erkannt wird: Gott zielt in allem auf die Fleischwerdung ab. Ganz entgegen allen unseren Erwartungen, nach denen doch eher alles vergöttlicht und vergeistigt werden müsse, scheint Gott sich vor allem für die Materie zu interessieren.

Unser Schöpfer müht sich mit zäher Geduld darum, Materie und Geist zusammenzuführen, so, als wäre das eine ohne das andere unvollständig. Der Herr des Lebens scheint unbedingt zu wollen, daß Leib und Seele vollkommen und zugleich in voller Freiheit miteinander eins werden. Ja, das geht so weit, daß Gott allem Anschein nach bereit ist, mit grenzenloser Geduld darauf zu warten, daß seine Geschöpfe dieses Einswerden aus freien Stücken selbst wollen und wählen und daß es, wenn sie diese Wahl nicht treffen, auch nie zustandekommen wird. (Würde Gott die Einswerdung auf irgendeine andere Weise durchsetzen, so wäre das Medium nicht zugleich die Botschaft.)

Gott liegt also offensichtlich an der Freiheit genausosehr wie an der Fleischwerdung. An diesem wunden Punkt reiben sich Zeit und Geschichte, und hier liegt die Ursache für unsere endlosen Beschwerden. Alle, die endlich als Söhne und Töchter Gottes offenbar werden möchten, haben Angst vor der Freiheit und trauen der Fleischwerdung nicht. Deshalb haben wir jemanden gebraucht, der sagen konnte: „Ja, ich komme, um deinen Willen, Gott, zu tun" (Hebr 10,7 nach Ps 40,8–9). Das war derjenige, der sich in vollkommenem Vertrauen dem Handeln Gottes überließ, statt nur etwas bestimmtes von Gott zu erwarten. Er ist der vollkommen Fleisch gewordene Sohn. Das ist Jesus. Er hat darauf vertraut, daß Gott alles richtig lenken werde – „doch einen Leib hast du mir geschaffen" (Hebr 10,5). So war er ganz und gar für die Führung Gottes offen, und zwar in einem Maß wie nie ein Wanderer zuvor oder danach.

Wir sehen, der Weg und das Ziel entsprechen einander vollkommen, und ebenso die Fleischwerdung und die Erlösung, Jesus und die Menschen, die von demselben Geist Gottes geprägt sind. Wir tun uns äußerst schwer damit, zu erkennen oder zuzugeben, daß wir selbst erst sehr mangelhaft Fleisch geworden sind. Vermutlich haben wir aus diesem Grund mit der vollkommenen Fleischwerdung in Jesus unsere Schwierigkeiten. Auch wir sind ja auf Göttliches angelegt.

„Denn Christus spielt auf unermeßlich vielen Plätzen /
Anmutig in den Gliedern, betörend mit den Augen anderer /
Strahlt seinen Vater an aus den Gesichtern unzähliger Menschen"

(Gerard Manley Hopkins, „As Kingfishers Catch Fire").

Mit theologischen Lehrsätzen kommen wir einigermaßen klar, aber mit uns selbst schon sehr viel weniger. Es ist verhältnismäßig einfach, sich vorzustellen, daß an einem bestimmten Punkt in der Geschichte Gott und Mensch vollkommen eins werden; aber offensichtlich ist es äußerst schwierig, uns genau das gleiche Einswerden auch in unserem eigenen Leben vorzustellen. Denn wenn wir darauf zurückschauen, kommt es uns viel zu armselig für ein solches Ereignis vor. Genau dieses unser mickriges Ich auf seiner unscheinbaren Lebenswanderung ist aber ziemlich sicher ein winziges Abbild all dessen, was Gott überall wirkt und in Jesus auf vollkommene Weise gewirkt hat. Wenn wir das Ganze glauben wollen, müssen wir mit dem Versuch anfangen, ein Stück davon zu glauben – nämlich unser eigenes Stück. Wenn wir das lieben wollen, was Gott angefangen und zustande gebracht hat – nämlich Jesus –, dann müssen wir versuchen, das zu lieben, was Gott derzeit wirkt – nämlich unser eigenes Schicksal. Jesus ist das Alpha und das Omega – und wir sind das Beta, Gamma oder Delta dazwischen; alles gehört zusammen. Es gibt nur eine Wahrheit. Und wir sind ganz darin einbezogen, seit Gott in Christus Ja zum Fleisch gesagt hat.

Dieses heilige Geheimnis ist von so zentraler Bedeutung, daß wir versuchen müssen, es auf vielfältige und immer wieder neue Weise zu verkünden. Es ist derart atemberaubend, daß sich unser Verstand und unser inneres Gleichgewicht immer wieder dagegen sperren und wir es verwässern. Es ist, sagen wir es offen, einfach zu starker Tobak.

Wir sind wie Bethlehem zu klein, um uns vorstellen zu können, daß in uns etwas so Großes geschehen könnte. „Aber du, Bethlehem-Efrata, so klein unter den Gauen Judas, aus dir wird mir einer hervorgehen, der über Israel herrschen soll" (Mich 5,1). Alles, worauf es ankommt, steckt in uns, aber es kommt nur in dem Maß ans Licht, in dem jeder Teilaspekt es lernt, den anderen Teilaspekt zu schätzen und anzuerkennen. Ich vermute, die Menschen, die es dank der Gnade Gottes fertigbringen, Gott in ihren eigenen mickrigen Seelen zu erkennen, bestätigen dann auch in Freiheit und mit klarer Einsicht, daß Gott im Leib Jesu und im Leib des Universums gegenwärtig ist.

„Aber wer bin ich, daß der Herr zu mir kommt?" (vgl. Lk 1,43), fragt Elisabeth. Vielleicht hüpft dann, wenn ich fähig werde, dieser kleinen Gnadengabe gewahr zu werden, dieser verborgenen Gegenwart der ganzen Wahrheit in mir, dieses Kind in meinem Schoß. Dann bin ich auch für die größere Heimsuchung aufgeschlossen, für die Offenbarung des Sohnes Gottes. Gleichzeitig sind wir uns immer dessen bewußt, daß Gott nicht bloß etwas ist, das ich erfahre, sondern, daß es in Wirklichkeit gerade umgekehrt ist: Ich bin eine Erfahrung im Sinn und Herzen Gottes. Wir ichbezogene moderne Menschen tun uns mit dieser Vorstellung sehr schwer. Wenn wir aber den Mut aufbringen, an dieses heilige Geheimnis zu glauben, haben wir an einer Gegenwart teil, die ein überwältigendes Geschenk und zugleich eine kostbare Überraschung ist. Sie ist nicht unbedingt erforderlich oder notwendig, so sagt es jedenfalls die Theologie der Franziskaner, aber immerhin leicht zu glauben!

So bereiten wir Christen uns auf ein rauschendes Fest vor, oder, wie Thomas Merton gesagt hat: „Wir rüsten uns für Christus, dessen Lächeln – wie ein Blitz – das Lied der ewigwährenden Herrlichkeit freisetzt, die jetzt noch schlummert, wie Dynamit in deinem papierenen Fleisch."

Gott geht dabei voran. Er läßt Geist Fleisch werden und erfüllt Fleisch mit Geist. Wenn wir es gelernt haben, wie Elisabeth diesen heiligen Heimsuchungen zu glauben, dann hüpft auch in unserem Schoß das neue Leben voller Freude!

Den auferstandenen Jesus verkörpern

Der Tod Jesu ist entweder das Ende, oder er ist der Anfang. Der Lebensweg Jesu zeigt der Menschheit entweder, daß letztlich die Liebe siegt und daß sich deshalb das Wagnis lohnt, oder er ist ein anschauliches Beispiel dafür, daß sein Weg traurig und sinnlos ist und in die Aussichtslosigkeit führt. „Ist aber Christus nicht auferweckt worden, dann ist unsere Verkündigung leer und euer Glaube sinnlos... Wenn wir unsere Hoffnung nur in diesem Leben auf Christus gesetzt haben, sind wir erbärmlicher daran als alle anderen Menschen" (1 Kor 15,14.19).

Wir glauben fest daran, daß der Vater das Leben Jesu gehalten und für ewig erklärt hat. Daher ist Jesus der wirklich Wirkliche, oder, theologisch gesagt, Jesus ist das ewige Leben. Der auferstandene Jesus ist unsere Garantie dafür, daß es richtig ist, menschlich zu sein, ja noch besser, selbstlos zu sein, und am besten, sich aus Idealismus ganz und gar aufbrauchen zu lassen.

Solange wir jedoch am Kreuz Anstoß nehmen, und sei es auch nur in seinen bescheideneren Ausprägungen, können wir unmöglich die Erfahrung der Auferstehung machen. Mit unserem Glauben entscheiden wir uns klipp und klar gegen die Verzweiflung und gegen die Kapitulation. Unsere Hoffnung richtet sich nicht bloß darauf, im Leben Glück zu haben und einigermaßen ungeschoren davonzukommen. Letztlich richtet sie sich radikal auf Gott selbst, nämlich darauf, daß Gott tatsächlich das ist, was er sein müßte: eine Liebe, die wir begreifen können.

Jesus wollte sich selbst und seiner Liebe zum Vater ganz treu bleiben. Aus diesem Grund mußte er das Leiden und die Ablehnung auf sich nehmen. Er hat sich nicht pathetisch und masochistisch irgendein Leiden an der sündigen Welt ausgesucht und sich von ihr hinauswerfen lassen, sondern sein Leiden ergab sich als Konsequenz seiner radikalen Entscheidung für das Reich Gottes und für seine Wertmaßstäbe, die „nicht von dieser Welt" sind. Mit anderen Worten: Jesus war nicht das Opfer unglücklicher Umstände, sondern er hat bewußt seinen Tod in Kauf genommen, indem er das Leben wählte, und zwar „das Leben in Fülle". Wer sich für die wahre Wirklichkeit entscheidet, gerät recht schnell in Konflikt mit den meisten Systemen, Institutionen und Erwartungen, ja sogar Religionen dieser Welt. Jesus stellte sich bewußt diesem Risiko – und sein Vater gab ihm dabei Rückendeckung!

Es fällt allerdings schwer, Menschen zum Glauben an die „schlimme Botschaft" vom Kreuz zu führen. Es fällt schwer, dem Tod Vertrauen zu schenken; und paradoxerweise fällt es sogar noch schwerer, der frohen Botschaft von der Auferweckung Jesu zu glauben. Wir trauen uns nicht, uns auf die neue Kraft des Lebens aus der Auferstehung zu verlassen und damit zu rechnen, daß sich das tatsächlich bewährt. Oder anders gesagt: Viele Christen würden sich eher ziemlich rasch den Gesetzen des Todes ergeben, als sich ihnen energisch zu widersetzen.

Mit seiner Auferstehung ergreift Jesus die Initiative, um den Tod und die Hoffnungslosigkeit der Welt anzugreifen. Jesus steht mitten unter den verängstigten Jüngern im Obergemach und macht aus der Stunde der Angst den Aufbruch von Pfingsten. Den auferstandenen Jesus verkörpern – das bedeutet, eine neue Kraft zu sein, die sich über die kranke Welt erhebt und die Krankheit aktiv bekämpft. Den auferstandenen Jesus verkörpern – das bedeutet, ein verklärter Leib zu sein, eine neue Ordnung, eine neue Welt, ein neuer Mensch; das bedeutet, Kirche zu sein. Allem Anschein nach können wir erst dann der verklärte Leib Christi sein, wenn wir zunächst einmal schlicht und einfach der menschliche Leib Christi sind.

Die frohe Botschaft von der Auferstehung besagt nicht: Die armen Opfer dieser Welt werden am Ende über ihre Peiniger triumphieren, und die Peiniger werden ihre gerechte Strafe erleiden. So stellen wir uns in unserer Kleinkariertheit die Rechtfertigung vor. Diese Vorstellung mag die Lösung unserer augenblicklichen Probleme sein, sie ist aber nicht dazu angetan, die Liebe und Herrlichkeit Gottes zu offenbaren. Wenn das alles wäre, würde Gottes Liebe jeder wirklichen Kreativität entbehren; an ihr wäre nichts Neues, nichts, was seiner wirklich würdig wäre. Darum ist diese Vorstellung bloß eine Projektion unserer kleinlichen Wunschvorstellungen.

Stellt die Auferweckung Jesu aber tatsächlich Gottes großartige Antwort und frohe Botschaft dar, dann sagt uns Gott, Jesus sei nicht nur für die Opfer gestorben und auferstanden, sondern auch für ihre Widersacher. Gott befreit nicht nur die Freien, Gott erlöst nicht nur die Erlösten. Die neue Gerechtigkeit, die ungeheuer frohe und gute Botschaft besteht darin, daß Gott nach Mitteln und Wegen sucht, auch die Peiniger in die Freiheit und Erlösung zu führen.

Halleluja, Halleluja!

ZWEITES KAPITEL

Umkehr

Von der Selbst-Verwirklichung zur Selbst-Überschreitung

Wenn man psychologisch wächst, wird man in zunehmendem Maß autonom und unabhängig. Wenn man spirituell wächst, geht einem in zunehmendem Maß auf, wie ganz und gar abhängig man ist, und zwar von Gott und von der Gnade Gottes, die durch andere Menschen vermittelt wird. *Gerald May, Will and Spirit*

Das Zeitalter der Subjektivität

Die fünfziger und die sechziger Jahre unseres Jahrhunderts waren von einem beschwingten Optimismus gekennzeichnet, der die meisten von uns, die damals aufgewachsen sind, getragen hat. Er war vermutlich zu naiv, zu einseitig und zu unkritisch, aber er erleichterte die zwischenmenschlichen Beziehungen. Die Dinge schienen das zu sein, was sie darstellten. Es herrschte Klarheit, ausgenommen in den seltsamen Zirkeln von Bohémiens, die nur mit ihresgleichen verkehrten. Die Dinge waren so einfach und eindeutig, wie das Bekenntnis: „We all like Ike", und man brauchte nur eine gute Ausbildung zu haben, um davon Kenntnis zu haben, was die Wahrheit sei, wie eine gute Kirche funktioniere und wer Gott sei.

Über sich selbst und seine Eltern brauchte man nicht allzuviel zu wissen. Unser Unbewußtes war auf bequeme Weise unbewußt. Hielt man sich an die Gesetze, so war man gut und fühlte sich auch ziemlich sicher so; brach man die Gesetze, so war man schlecht, und Kirche und Staat brachten einem das rasch zu Bewußtsein. Inzwischen wissen wir zwar, daß die meisten „Gesetze" vom einem von den Weißen bestimmtes, männlichen System aufgestellt wurden, doch damals wußten wir, wo wir standen – und das bot unserer Psyche und unserer Gesellschaft ohne jeden Zweifel ein beruhigendes, angenehmes Gefühl. Mir ist von daher klar, weshalb dieses System so lange hielt.

Nennen wir diese Epoche das Zeitalter der Objektivität. Motivationen, Erklärungen, Zwangsvorstellungen der Eltern standen nicht zur Debatte: Gott, einfache Glaubenssysteme, Kultur und Rituale hielten unser Leben in Ordnung.

Dann kam die Subjektivität daher. Sie bildete einen radikal neuen Bezugspunkt, einen neuer Sprachjargon, eine neue Wahrheit, eine neue Perspektive, unter der das gesamte menschliche Verhalten neu eingeordnet wurde. Das Zeitalter der Psychologie begann, und bis Ende der sechziger Jahre bescherte diese uns weithin eine ganz neue Sprache. Es war eine Revolution, die genauso tief einschnitt und vielleicht weitreichender war als die politischen Revolutionen oder religiösen Reformationen der Vergangenheit. Wir alle sind zutiefst von dieser Revolution geprägt; sie ist die Luft, die wir atmen.

Der Psychologe James Hillman aus der Schule C. G. Jungs bringt das gut zum Ausdruck, wenn er sagt:

> Das ist jetzt die vorherrschende Einstellung, der wir allüberall in der Welt der Therapie begegnen, in der Selbsthilfe-Welt, in der Abend-Talkshow-

> Welt. Überall ist davon die Rede, wie entscheidend die Kindheit ist, wie wichtig es ist, seine Ohnmacht zu überwinden („alles unter Kontrolle zu bringen"), sich von Fehlern und Mißbräuchen der Vergangenheit zu erholen, sich zur Annahme seiner selbst durchzuringen („ich kann damit umgehen") und in einer Art Lebensbeichte Zeugnis von seinem „ganz eigenen Lebensweg" abzulegen. Alle diese Werbeanzeigen für sich selbst klingen mehr oder weniger wie seinerzeit die Annoncen von Charles Atlas: „Ich war ein Schwächling mit dreiundvierzig Kilo, aber schauen Sie mich jetzt an."

Fast über Nacht wurde das subjektive Selbst zur objektiven Wahrheit. Es stellte den unanfechtbaren „Daseinsgrund" dar, den man nicht in Frage stellen oder unbestätigt lassen konnte, zumindest nicht in erleuchteten Zirkeln. Lieber ließ man sich theologische oder politische Verschwommenheit verwerfen, als sich dem Vorwurf auszusetzen, psychologisch zu wenig Sinn und Gespür zu haben. Das private Selbst hatte jetzt seinen Lieblingshelden, und die Universitäten verzeichneten bald einen dramatischen Rückgang der Einschreibungen für Vorlesungen über Philosophie, Geschichte, Literatur, Fremdsprachen und Religionswissenschaften.

Unsere Suche nach dem Bleibenden, dem Transpersonalen, den staatsbürgerlichen und den globalen Werten ließ beträchtlich nach. Wir hatten die persönliche Existenz entdeckt, und Fragen nach dem Wesen der Dinge wurden im Vergleich dazu langweilig. Die „software" der Dinge wurde so interessant, daß wir darüber die „hardware" verkannten oder sogar leugneten.

Jetzt war es allgemein üblich, das Leben und das Wachstum weithin auf dem Weg über Worte, Gedanken und Gespräche zu suchen. Das Beste, was man tun konnte, war, „an sich selbst zu arbeiten". Adele Getty, selbst Psychologin, sagt: „Man stellte sich nicht mehr den sozialen, politischen und spirituellen Tagesfragen, sondern man fand seinen Frieden im Bemühen um persönliches Wachstum, und das half, den großen Überlebensfragen der Menschheit aus dem Weg zu gehen. Da die Gesellschaft ohnehin ‚no future' hatte, war es am besten, sich auf die Darstellung seiner selbst zu konzentrieren und sich um transzendendale Selbstwertfindung zu mühen." Es mochte allgemein akzeptiert sein, die objektiven Probleme um den Hunger in der Welt, um die Wohnungsnot, die medizinische Versorgung und den Waffenhandel zu verdrängen – aber es wäre eine Todsünde gewesen, irgendein Gefühl, eine Angst oder eine sexuelle Phantasie zu unterdrücken.

Die Welt des Psychologischen und Subjektiven ist bodenlos und faszinierend. Man braucht kein akademisches Diplom, um mitreden zu können. Ja, wenn man selbst schon ein Verbrechen erlebt hat, mißbraucht worden ist oder das Opfer destruktiver Ausbrüche war, verleiht einem das eine besondere Kompetenz. Das Gespräch über Psychologie führt schnurstracks in den Raum der Intimität und ermöglicht es einem zugleich, alles unter Kontrolle zu behalten.

Was uns hier gegenübertritt, ist eine gewaltige Verwirrung zwischen dem, was die Philosophen als *Existenz* und als *Essenz*, als *Dasein* und als *Wesen* bezeichnen. Wir widmen all jenen vergänglichen Gefühlen, Verletzungen und Erfahrungen ungeheure Aufmerksamkeit, die die großen Weltreligionen auf verschiedene Weise als Illusion, Versuchung, Prüfung, Gnade, Gelegenheit, Leidenschaft oder als „Schatten und Verkleidung" bezeichnet haben. Es handelt sich bei diesen Dingen um Mittel, nicht um Ziele, vielleicht um Fenster, um Durchgangshallen oder um ein Gerüst, das abgebaut werden muß, aber ganz bestimmt nicht um den Tempel selbst. Nicht um das Ding an sich.

In der klassischen Tradition der christlichen Spiritualität wird das Bemühen um Verstehen oder Nüchternheit oder Heilwerden höchstens als die unterste Stufe des Weges zur Vollkommenheit betrachtet, als Phase der „Läuterung"; keinesfalls handelt es sich dabei schon um die klassischen Phasen der „Erleuchtung" oder der „Einigung". In einer echten Spiritualität und gesunden Religion werden wir immer über die sich ständig wandelnde Psyche zurück- und hinausverwiesen auf den sich nie wandelnden Gottesgeist. Aber ich beobachte, daß gewöhnlich die Psychologie als Sieger hervorgeht, wenn Spiritualität und Psychologie aneinander geraten. In Wirklichkeit ist das eine falsche Alternative. In der klassischen Theologie galt immer der Grundsatz, daß die Gnade auf der Natur aufbaue. Nur sieht es so aus, als befürchte heutzutage die Natur, es gebe überhaupt keine Gnade.

Die Sprache des Individualismus

Die Amerikaner verwenden in ihrem Leben hauptsächlich und ohne diese zu hinterfragen die Sprache des Individualismus. Als erster hat wohl Alexis de Tocqueville in seiner frühen Studie *Democracy in America* darauf hingewiesen: „Leute mit dieser Einstellung schulden niemandem irgendetwas und erwarten auch kaum von jemandem etwas. Sie machen es sich zur Gewohnheit, von sich immer als von isolierten Individuen zu denken und davon auszugehen, daß ihr Schicksal ganz in ihrer eigenen Hand liegt."

Im Zeitalter der Psychologie hat sich diese Sprache des Individualismus noch einmal auf ganz eigene Weise verschärft. William Sullivan bezeichnet sie als die Sprache des „romantischen Expressionismus". Es handelt sich um eine von der Privatperspektive aus formulierte Sprache, deren Grundton geprägt ist von der Sorge, der Empfindlichkeit und der Verteidigung der Rechte des Individuums. Niemand kann sie in gepflegter Gesellschaft ablehnen, ohne nicht als völliger Trottel dazustehen. Sie ist voller Wärme und Mitgefühl und hat unendlichen Respekt vor den Gefühlen, Verletzungen und Bedürfnissen jedes einzelnen. Wer auf diesem Gebiet unsensibel ist, zieht sich unweigerlich den Zorn aller ansonsten recht toleranter Liberaler und großzügig denkender Gläubiger zu. Die Achtung der *Rechte* des Individuums gilt als die allerhöchste Tugend; von der *Verantwortung* des Individuums dagegen spricht man sehr viel seltener, es sei denn, jemand habe sich „schuldig" gemacht.

Die Sprache des romantischen Individualismus zieht vielen anderen ernsthaften Erwägungen recht schnell den Boden unter den Füßen weg, wenn sie verkündet: „Jedenfalls mußt du dir selbst treu bleiben", „Achte auf deine Gefühle" und „Ich habe ein Recht auf das und das". Dagegen kann kein Mensch etwas sagen, obwohl solche schlichten Behauptungen philosophisch recht schwach fundiert sind. So müssen wir uns also darauf einstellen, in Zukunft endlos über konkurrierende Rechte zu debattieren und uns auf ergebnislose Streitereien über konkurrierende Gefühle einzulassen.

Im Zeitalter der Psychologie hat der Mensch eine verblüffende und raffinierte Methode gefunden, Macht zu beanspruchen: indem er das arme Opfer spielt. Hat sich erst einmal die Sprache des romantischen Expressionismus eingebürgert, so kann dich niemand mehr ernsthaft in Frage stellen, ohne plump und politisch gespürlos zu erscheinen. Das Individuum nimmt die letztgültige und unanfechtbare Stellung ein. Bei jeder Talkshow geht es darum, daß einige Leute „fassungslos" und „zutiefst betroffen" sind angesichts irgendwelcher anderer Leute, die ihr höchsteigenes Totem verfechten und in die Mitte stellen wollen.

Die Gäste bei deisen Talkshows werden zu öffentlichen Schiedsrichtern darüber, wer sich als Opfer fühlen darf. Die Talkmaster lassen beide Seiten zu Wort kommen, dem Publikum werden sämtliche Beleidigungen und Ungerechtigkeiten lang und breit serviert, und dann darf es entscheiden, wer am meisten zu leiden hat. Da jegliches objektive Kriterium abhanden gekommen ist, kann man schließlich von Madonna sagen, daß sie ein mißbrauchtes, mißverstandenes, unschuldiges Mädchen ist, und von Vätern, die sich zu wenig um ihre Kinder kümmern, daß sie eben von ihren unersättlichen Frauen dazu getrieben werden, Überstunde um Überstunde zu machen.

Als moralischer Sieger steht da, wer zeigen kann, daß er verletzt wurde, daß er leidet und Sympathie verdient. Können Sie erst einmal beweisen, daß Sie wirklich ein Opfer sind, kann kein Mensch mehr etwas von Ihnen verlangen, Sie aber haben ein für alle Mal das Recht, Ihre Leidensgeschichte zum Besten zu geben. Wir anderen müssen dann angemessen Schuld empfinden und Ihnen entsprechend Sühneweihrauch darbringen.

Wir alle wissen, daß es echte Opfer gibt, und die Rolle

des Propheten besteht darin, ihr Schicksal öffentlich bekannt zu machen. Aber unserer raffinierter, verpsychologisierter Gesellschaft ist es gelungen, sich den tiefgründigen christlichen Archetypus vom Opferlamm zunutze zu machen. Sie setzt ihn geschickt ein, um damit negative Macht für Leute zu gewinnen, die oft nur erbittert darauf versessen sind, ihren privaten Rachefeldzug zu führen. Jesus hat seine Rolle als Opfer anders verstanden: Er ist ein Opfer, das Ja sagt, verzeiht und nicht um sich selbst kreist, sondern an die andern denkt. Das Lamm Gottes nimmt die Sünde von der Welt weg; alle die aber, die sich heutzutage als Opferlämmer gebärden, wollen nur pausenlos lauthals verkünden, die ganze Welt habe sich an ihnen versündigt. Das Opferlamm Christus erlöst. Die anderen Opferlämmer rufen Tod und Lähmung hervor.

Der Verlust der Gemeinschaft

Viele von uns wissen nur zu gut, wie ungemein zahlreiche aufregende Versuche der siebziger und achziger Jahre, zu echter Gemeinschaft zu finden, kläglich gescheitert sind. Ich fürchte, viele dieser Gemeinschaften sind daran gescheitert, daß sie sich zu Tode diskutiert, versammelt und gesorgt haben. Nach Jahren in Kommunen mit offenen Türen und mit offensichtlich immer den gleichen Gesprächsthemen haben sich viele Alternative und Kommunarden entschlossen, wieder auszuziehen. Gewöhnlich haben sie später eingeräumt, die Gemeinschaft sei eine recht gute Schule dafür gewesen, zu reifen, Charakter zu entwickeln und sich zu verändern. Aber allzu oft hat sie nicht wirklich ein „Heim“ geboten.

Wenn zwei oder zweihundert Leute auf einem Haufen beieinander sind, und jeder einzelne meint, er habe ein Recht darauf, voll und ganz verstanden zu werden, Bestätigung (ein geradezu sakrales Wort) und Anteilnahme an seinen ganz privaten Leiden zu finden, dann suchen sich die meisten dieser Leute früher oder später eine Umgebung, in der es sich menschlicher leben läßt. Wer Heil und Erlösung von der Gruppendynamik erwartet, erhofft und fordert oft von anderen Leuten, was nach Aussage der objektiven Tradition nur Gott allein schenken kann.

„Erlöse mich", lautet die Forderung des Neulings an die Gemeinschaft. „Schaff mir hier auf Erden ein sicheres und glückliches Heim, sei mir Mutter und Vater, die mich ernähren (aber ja nichts von mir fordern)". Doch wir alle wissen, daß man nur einen einzigen Menschen auf einmal heiraten kann, und schon da fällt es schwer genug, sich auf alle seine Bedürfnisse einzustellen, schon da bleibt man letztlich ein tiefes Geheimnis füreinander. Ich frage mich, ob das große Geheimnis der Vergebung überhaupt möglich ist, ohne daß man zuvor anerkennt, daß unser Dasein an sich ein unlösbar großes Rätsel und Geheimnis ist. Wahrscheinlich nicht.

Mir ist jetzt klarer, weshalb die Regel des heiligen Benedikt und die Regel des heiligen Franziskus die Jahrhunderte überstanden haben. In ihnen sind die Grenzen klar, und man muß nicht jedesmal das Rad neu erfinden, wenn jemand auf den Wagen zusteigt. Christliche Gemeinschaft, wie sie im Lauf der Geschichte gelebt wurde, hing nicht vom Charisma, von der absoluten Offenheit oder auch nur von dem tiefen Verständnis füreinander ab. Die „Bedürfnisse" der Novizen spielten gar keine so große Rolle; man kümmerte sich gar nicht darum, bis ihnen aufging, daß sie sich im Grunde nach etwas ganz anderem sehnten. Die Gemeinschaft setzte darauf, daß der einzelne als Ziel seiner Sehnsucht *Gott* entdeckt, und nicht die allgemeine Sympathie und Nestwärme.

Claude Lévi-Strauss sagt, in jeder Kultur habe der Mythos die Aufgabe, „den angemessenen Abstand zwischen den Dingen" zu gewährleisten. Heutzutage haben wir keine echten Mythen mehr, dafür eine Reihe romantischer Illusionen. Diese überspannten Erwartungen idealer, ja unerfüllbarer persönlicher Nähe und Gemeinschaft werden ein gesundes Gemeinschaftsleben in Amerika weiterhin nur sehr schwer gelingen lassen, ja gelegentlich werden sie es geradezu vereiteln. Tausende von desillusionierten und entfremdeten Ex-Mitgliedern von Kommunen und Gemeinschaften sind nicht nur ein Armutszeugnis für ihre Gemeinschaften, sondern mehr noch eines für ihre persönlichen narzißtischen Erwartungen. Eine Gemeinschaft ist hoffnungslos überfordert, wenn sie alles auf einmal bieten soll: das Nachholen guter Erfahrungen mit Vater und Mutter, ein mündiges Erwachsenendasein, ein Heim weit fort von daheim, eine Therapiegruppe und den Rückhalt und die Ermutigung zum Ausleben ganz persönlicher Bedürfnisse.

Schauen wir uns die großen Mythen der Religions- und Weltgeschichte an, so sehen wir, daß die eigentlichen Lehrmeister der Menschen immer die Ereignisse selbst, die Prüfungen der Geschichte und die jeweiligen konkreten Umstände waren. Die jüdische und christliche Tradition ist der Auffassung, Gott lasse sich ganz besonders in der Geschichte und in Beziehungen erfahren, und nicht in der Selbstanalyse. Was den Menschen zu Wachstum und Reife verhilft, sind Gemeinschaft, Engagement und die Belastungsproben, die sich daraus ergeben. Heroismus ist eine Charakterfrage, aber der Charakter äußert sich im praktischen Verhalten und Tun. Wir dagegen haben Charakter durch Persönlichkeit ersetzt, Tun durch Sein.

Wir sind die erste Zivilisation, die an die Stelle von Helden und Heldinnen Berühmtheiten gesetzt hat. In unserer heutigen Kultur kann man es sich kaum mehr vorstellen, daß ein wirklicher Held zum Ideal wird. Heutzutage genügt es, weltbekannt zu sein, um weltbekannt zu sein. Wenn wir alljährlich die zehn berühmtesten Amerikaner küren, handelt es sich typischerweise immer um die Leute, die am häufigsten in der Presse genannt worden sind. Das ist erstaunlich – aber bestimmt zugleich katastrophal für die Erziehung der kommenden Generation.

Sein ohne Tun wird zum bloßen Abziehbild und zur Vermarktung dieses Abziehbilds. Die Talkshow, das Selbsthilfebuch, das Psycho-Gelaber – das darf jetzt an die Stelle wirklichen Lernens, verantwortlichen Handelns und bürgerlicher Tugend treten. *Sein verbunden mit Tun* lehrt uns, daß das Leben hart ist, daß wir nicht immer unseren eigenen Kopf durchsetzen können und sollen, und daß der Erfolg viele überraschende Gesichter hat.

Wir müssen zugeben, daß ein Leben reiner Innerlichkeit und endloser Diskussionen ein Luxus ist, den sich nur die Reichen leisten können. Angesichts des Zustands der Menschheit und unseres Planeten ist heute nicht die Zeit dafür, „sich seine eigene Wirklichkeit zu schaffen“. Diese Parole des New Age ist symptomatisch für eine Mischung aus Angst und Verdrängung angesichts des Verfalls des amerikanischen Imperiums, zu dem keine Alternative, an die man glauben könnte, sichtbar ist. Die Gläubigen scheuen immer noch davor zurück, sich auf das öffentlich konkrete, wirkliche Leben einzulassen: „Denn nicht in Worten erweist sich die Herrschaft Gottes, sondern in der Kraft" (1 Kor 4,20).

Wer früher ein Vollmitglied der Gesellschaft werden mußte, mußte drei Bedingungen erfüllen: er mußte seine Arbeitskraft einbringen, er benötigte die richtige Religion und er mußte Mitbürger sein. Unser privatisierender und psychologisierender Zeitgeist hat diese drei Bedingungen für sich passend umfunktioniert. Arbeit ist keine Frage des Berufs, geschweige der Berufung mehr, sondern eine möglichst minimale Betätigung zum Broterwerb. Die Religion unserer gesellschaftlichen Mittelklasse verkommt zum therapeutischen und modischen Geschwätz. Und das Mitbürger-Sein hat sich in kleine Gruppen mit Sonderinteressen zersplittert, sofern es überhaupt noch existiert.

Wann steht die Persönlichkeit auf, die uns in überzeugender Weise vorlebt, daß es so etwas wie politische Heiligkeit gibt? Wo sind die kontemplativen Aktivisten? Ich würde alles stehen und liegen lassen und mich ihnen anschließen.

Wissen und lieben

Mir ist es immer so erschienen, als stecke in der Geschichte vom Sündenfall im Buch Genesis ein unerklärlicher Widerspruch. Warum hat Jahwe dem Adam gesagt: „Von allen Bäumen des Gartens darfst du essen, doch vom Baum der Erkenntnis von Gut und Böse darfst du nicht essen; denn sobald du davon ißt, wirst du sterben." (Gen 2,16–17)? Warum sollte denn die größte Versuchung und die schlimmste Sünde darin bestehen, etwas zu tun, was doch als notwendig und gesund erscheint? „Da sah die Frau, daß es köstlich wäre, von dem Baum zu essen, daß der Baum eine Augenweide war und dazu verlockte, klug zu werden" (Gen 3 6).

Heute denke ich, Gott versuchte uns da etwas Offensichtliches zu offenbaren, daß leider doch oft verborgen bleibt: daß es nämlich bei der Liebe nicht darum geht, Wissen zu erlangen.

Dieses Mißverständnis beherrschte die religös Gebildeten, die den Tod Jesu für rechtens erklärten. Es tauchte später wieder in den Häresien des Pelagianismus und Gnostizismus auf, die behaupteten: Wenn wir uns gründlich anstrengen oder wenn wir alles genau wissen, können wir die Erlösung erlangen. Die mittelalterliche Kirche entwickelte eine wahre Meisterschaft darin, die klare Lehre Jesu in komplizierte Kasuistik und Geheimnistuerei umzuformen. In der Aufklärung wurde uns beigebracht: „Ich denke, also bin ich." Selbst bei der Reformation ging es mehr um gescheite Theologie als um konkrete Praxis. Und jetzt suchen wir unser Heil in der Gruppendynamik und in neuen Theorien – alles verständliche Versuche, vom Baum der Erkenntnis des Guten und des Bösen zu essen. Das *Wissen* wird zum Ersatz und zum Vorwand dafür, sich mit jener Liebe hinzugeben, „die alles erträgt, alles glaubt, alles hofft, allem standhält" (1 Kor 13,7).

Wir müssen zugeben, daß diese Freiheit (und es ist die einzige Freiheit, die uns das Evangelium verheißt) in unserer Zeit so gut wie verlorengegangen ist, sogar in den Kirchen. Heutzutage muß alles organisiert, verstanden, erklärt, ausdiskutiert, in Frage gestellt und zerpflückt werden (nur eines ist davon ausgenommen:

die soziale Ungerechtigkeit). In einer derart privatistischen, verkopften und sich selbst behauptenden Welt ist es für die Liebe ungeheuer schwer, den Durchbruch zu schaffen. Wir „wissen alle Geheimnisse und haben alle Erkenntnis"; wir haben eine Glaubenskraft, mit der wir Berge versetzen können, aber allzuoft „haben wir die Liebe nicht" (vgl. 1 Kor 13,2). In Wahrheit aber geht es in der Religion, in der Spiritualität und bei Suche nach Gott nicht um Wissen, sondern immer nur um *Liebe.*

Ich habe ganz und gar nicht die Absicht, alles genial zu vereinfachen, mich anti-intellektuell zu gebärden oder naiv zu behaupten, wir brauchten einander bloß von Herzen zu lieben, und alle Probleme würden sich in Wohlgefallen auflösen. Nein, ich möchte mich in Wirklichkeit mit dem objektiven Phänomen beschäftigen, daß die meisten unserer Gemeinschaften und Gemeinden von endlosen Gutachten und Ratschlägen erdrückt worden sind; daß viel zu viele Projekte und Programme auf den Felsen verletzter Gefühle Schiffbruch erlitten haben, und daß wir gar nicht recht dazu kommen, uns den wirklich brennenden Fragen, die wir eigentlich alle anpacken möchten, richtig zu widmen, weil uns hausgemachte Probleme um Ichsucht, Macht und persönliche Querelen davon abhalten.

Ich habe gehört, daß heutzutage 80% unserer seelsorglichen Energie darauf verwendet werden muß, Konflikte unter dem Personal zu lösen sowie Beschwerden und Probleme der Mitarbeiter zu klären. Ist das vielleicht gemeint, wenn die Bibel sagt, daß wir aus dem Paradies vertrieben sind? Sind das „die Kerubim und das lodernde Flammenschwert, die den Weg zum Baum des Lebens versperren" (vgl. Gen 3,24)? Wir haben uns bestimmt dadurch den Tod geholt, daß wir zu gierig von diesem Baum gegessen haben. Wir haben viele andere Aspekte des menschlichen Daseins, etwa das gemeinsame Sich-Erinnern, die Geduld in Raum und Zeit, die heiligen Wirklichkeiten von Geheimnis, Symbol und Mythos verkümmern lassen, weil wir uns einseitig um ein Erkennen und Wissen bemüht haben, das genau besehen auf Macht und Unterdrückung hinausläuft.

Jesus hat paradoxerweise den Weg zurück in den Garten Eden dadurch gefunden, daß er in die Wüste hinausgegangen ist. Es ist durchaus kein Zufall, daß das sein erster Schritt ist, nachdem er die Taufe empfangen hat. In der Wüste reinigt er sein Wahrnehmungsvermögen, räumt das falsche Ich aus und stellt sich frontal den Illusionen der Effektivität, der Richtigkeit und der alles beherrschenden Kontrolle (worauf sich die drei Versuchungen im Matthäus-Evangelium beziehen), und schließlich fährt er den Satan an: „Weg mit dir! Vor dem Herrn, deinem Gott, sollst du dich niederwerfen und ihm allein dienen." Darauf ließ der Teufel von ihm ab (Mt 4,10–11).

Ich glaube kaum, daß es einen weniger radikalen Weg gibt, um zum Kern unseres Wesens zurückzufinden. In der Wüste hat Jesus klipp und klar gezeigt, daß alles darauf ankommt, sich von einer am Menschen orientierten auf eine an Gott orientierte Weltsicht umzustellen. Ohne die Wüste wird die Religion weithin zur Kultivierung des eigenen Selbstverständnisses, und die Psychologie ist das neueste Spielzeug dafür.

Kontemplation

Mit dem Wort „Kontemplation" läßt sich beschreiben, was Jesus in der Wüste getan hat. Ihm ging es nicht darum, etwas zu erlernen, sondern darum, etwas zu verlernen. Er wollte nichts erklären, sondern alles umfassen, empfangen und gleichzeitig nichts festhalten. Er weigerte sich, zu rasch zu urteilten und schärfte in der Stille sein Wahrnehmungsvermögen und seine Aufmerksamkeit.

Sobald man etwas bejaht oder abgelehnt hat, kann man es nicht mehr unvoreingenommen erkennen. Von da an ist zuviel *Ich* im Spiel. Bei der Kontemplation geht es darum, unsere Anhänglichkeit an uns selbst zu lockern, damit uns die Wirklichkeit unverfälscht anrühren kann, vor allem die Absolute Wirklichkeit, die wir *Gott* nennen. William McNamara umschreibt die Kontemplation zutreffend als „langes liebevolles Hinblicken auf die Wirklichkeit". Aldous Huxley bezeichnet sie als die „ewige Philosophie".

Die Kontemplation ist die radikalste Form der Selbstaufgabe. Sie fällt ungemein schwer, wenn man nicht das ganz tiefe Vertrauen hat, daß da jemand ist, dem man sich rückhaltlos überlassen kann. Ein solches Sich-Selbst-Vergessen weckt im Menschen paradoxerweise ein festes und geradezu furchtloses Verantwortungsbewußtsein. Ich kann jetzt Verantwortung wahrnehmen, weil ich ja weiß, daß ich gehalten bin. Ich werde ständig von einem andern her mit neuer Energie beschenkt, und es besteht eine wunderbare Wechselwirkung zwischen meinem rückhaltlosen Mich-Anvertrauen und der persönlichen Verantwortung, die ich wahrnehme. „Wir wissen, daß Gott bei denen, die ihn lieben, alles zum Guten führt" (Röm 8,28).

Die Kontemplation selbst ist in einer Welt, die von Bildern und der Abhängigkeit von ihnen übersättigt ist, recht schwierig und wirkt geradezu unnatürlich. Sie ist fast unmöglich, solange wir uns mit unseren vergänglichen Gefühlen und Meinungen identifizieren. Aus diesem Grund haben wir die Kontemplation zur unerläßlichen Bedingung dafür gemacht, daß jemand unsere „Schule für Propheten“ im Zentrum für Aktion und Kontemplation besuchen darf. Wer nicht jenen kontemplativen Standpunkt eingenommen hat, von dem aus sich alle nur psychologischen Fakten relativieren, der ist in unserem verworrenen Dasein zu keiner neuen Wahrnehmungsweise, zu keinem neuartigen Engagement und zu keiner neuen, wahrhaftigen Gottesvorstellung fähig.

Der psychologiegläubige Geist meint, eine Gesellschaft könne für ihren Zusammenhalt auch ohne eine „Geschichte“ auskommen, die allgemeine Anerkennung und Zustimmung findet. Er glaubt, es genüge, daß jeder einzelne sich um seine persönliche Freiheit und Selbstverwirklichung bemüht. Der moderne liberale Mensch ist der Ansicht, das genüge, um einem Volk Sinn und Zusammenhalt zu geben.

Ich dagegen bin der Überzeugung, daß unsere moderne Neurose zu einem guten Teil dadurch verursacht wird, daß uns eine gemeinsame, von allen getragene Geschichte fehlt, in die dann jeder einzelne seine individuelle Geschichte eintragen kann. Folglich fehlt unseren kleinen Einzelleben ein auch transzendenter Bezugspunkt, eine über uns hinausreichende Bedeutungsebene, ein allumfassender Sinn, an dem jeder einzelne teilhat. Unser normales Leben ist ein „dis-aster“, das heißt wörtlich: Wir sind abgekoppelt von den „Sternen“ des Kosmos. Wir sind in der Bedeutungslosigkeit verloren.

Längst versunken sind die Jahrhunderte, in denen die Kirche um das Verhältnis von Menschheit und Gottheit in der Person Christi gerungen hat; und die westliche Kirche hat nach und nach den Sinn für die größere und universalere Botschaft verloren: „Er ist das Ebenbild des unsichtbaren Gottes, der Erstgeborene der ganzen Schöpfung. Denn in ihm wurde alles erschaffen im Himmel und auf Erden;... alles ist durch ihn und auf ihn hin geschaffen... in ihm hat alles Bestand... Denn Gott wollte mit seiner ganzen Fülle in ihm wohnen, um durch ihn alles zu versöhnen" (Kol 1,15–20).

Dieser Christus ist nicht einfach ein Problem-Löser oder der Christus einer bestimmten Konfession oder Kultur; er ist auch nicht ein von den Kirchen domestizierter Christus. Nein, er ist der Eine, der in seinem Leben und seiner Person aufzeigt, *worauf es ankommt*, was *bleibt*, und schließlich, was *ist*. Er hält alles mit Sinn zusammen, er offenbart die Grundmuster der Erlösung, die wir Leben und Sterben nennen, und er gewährleistet den Sinn und Wert unseres Lebens *außerhalb unserer selbst*!

Weil wir einen solchen Christus nicht mehr *anbeten* und *verehren*, sind wir dazu verdammt, kleineren Göttern zu huldigen und unsere Leben um bescheidenere Geschichten kreisen zu lassen. Wir versuchen, an seine Stelle bunt kolorierte Mythen über Gestalten zu setzen, die auch nur vergängliche Pilger auf dieser Erde waren oder sind, mögen sie George Washington oder Norman Schwarzkopf heißen. Doch keiner von ihnen verfügt über genügend Größe oder Wirklichkeit, um uns eine allumfassende Ordnung und einen alles tragenden Sinn geben zu können. Wir schauen auf unsere private Psyche, aber sie ist einfach nicht weit genug und ist zu sehr abgekoppelt vom großen Ganzen, um der spirituellen Sehnsucht des Menschen Richtung und Ziel geben zu können.

Die Bemühungen der christlichen Kirchen um Evangelisierung der Welt werden so lange in bestimmten Kulturen oder im Fundamentalismus befangen bleiben, bis wir selbst zu der Weite finden, in der wir einen Kosmischen Christus verkünden. Ich bin der festen Überzeugung, daß uns unsere Fixierung auf die Psychologie nicht hilft, diese Aufgabe zu lösen. James Hillman hat selbst über seine Zunft gesagt: „Die psychologische Beratung bringt die Probleme ins Wort, und indem sie die Möglichkeit vereitelt, klar den Unsinn dieser Probleme zu erkennen, vereitelt sie den Geist."

Wir vereiteln den Geist, so glaube ich, auf eine neue und immer noch überraschende Weise. Wir töten den Geist nicht durch starres Festhalten an Gesetzen, sondern durch psychologische Korrektheit, nicht durch Nichtwissen, sondern durch die Behauptung, Wissende zu sein, nicht durch Unterlassung, sondern durch lükkenloses Organisieren, Fixieren und Erklären des Lebens. Das aber ist eine neue und allgemein anerkannte Form der Herrschaft, die nicht von autoritären Führern ausgeübt wird, sondern von Individuen, die nur eine einzige Autorität akzeptieren: ihre private Erfahrung. Diese Verkürzung des Lebens stellt fast alle religiösen und spirituellen Traditionen der Weltreligionen in Frage. Zudem behält sie die Erleuchtung den Gebildeten und Wortgewandten vor, die sich Muße leisten können und mit einem bequemen Wohlstand gepolstert sind.

Ich erhebe Anspruch auf eine viel längere Tradition. Ich traue lieber den älteren Führern, wobei ich den neuen durchaus auch zuhören will. Ich denke da an die Worte des Mönchs Thomas Merton: „Glaube, Geduld und Gehorsam sind die einzigen Führer, die uns helfen, leise in der Dunkelheit voranzukommen, ohne immer nur auf uns selbst zu schauen."

DRITTES KAPITEL

Reine Leidenschaft

Die Heiligkeit der menschlichen Sexualität

Leibhaftig gewordener Geist

Der menschlichen Sexualität hat man die Aufmerksamkeit, die ihr eigentlich angemessen wäre, noch nie geschenkt. So kommt es, daß sie in einer Schattenzone verblieben ist und fast noch niemals auf positive, kreative Weise angenommen und bewußt gestaltet wurde. Dieses Thema ist von einer ungeheuer starken Aura umgeben, die es schrecklich anziehend und gleichzeitig wunderbar schrecklich erscheinen läßt. Ich bin mir darum ziemlich sicher, daß wir es hier mit einer Dimension des Heiligen zu tun haben.

Sowohl der Heilige als auch der Böse wissen etwas, das uns erst ganz allmählich dämmert: daß nämlich die Macht in der Ohnmacht verborgen, daß „das Geheimnis verschleiert ist in der Gestalt des Mangelhaften". Gott wußte, daß man nur der demütigen Verwundbarkeit spirituelle Kraft anvertrauen kann – und so verbarg Gott diese spirituelle Kraft wie einen Schatz im Leib Jesu (vgl. Eph 3,5.9; 1 Kor 2,7; Kol 1,26). Paulus sagt uns: „Gottes Gnade erweist ihre Kraft in der Schwachheit. Denn wenn ich schwach bin, dann bin ich stark" (vgl. 2 Kor 12,9–10). „Gerade die schwächer scheinenden Glieder des Leibes sind unentbehrlich" (1 Kor 12,22). Und warum? „... damit jetzt den Mächten und Gewalten in Himmelshöhen durch die Kirche die vielfältige Weisheit Gottes kundgetan werde" (Eph 3,10).

Erst heute, zweitausend Jahre nach der Offenbarung des Geheimnisses Christi, wagen wir allmählich das wirklich zu glauben, was Satan schon bei der Kreuzigung erkannt hat. Der Böse weiß, daß unsere empfindlichste Stelle für seinen Angriff dort ist, wo wir am meisten zur Scham neigen, wo wir am verwundbarsten und ganz buchstäblich „charakterlos" sind: in unserer Leiblichkeit. Satan weiß, daß unser Leib der Ort ist, an dem wir Gott am allerwenigsten erwarten oder nach ihm Ausschau halten würden. Und Gott weiß, daß nur Sünder, denen vergeben worden ist und spirituell Suchende ihn dort finden werden.

So hat das Böse die Bresche in der Mauer gefunden und jeden von uns dort angegriffen, hat uns „einen Stachel ins Fleisch gestoßen, einen Boten Satans" (vgl. 2 Kor 12,7). Unglücklicherweise hat das Wirkung gezeigt! Die Tradition war bisher weithin auf unfruchtbare und nutzlose Weise in Schuldgefühlen und einseitiger Fixierung auf die „Fleischessünden" befangen, während sie darüber für die großen Themen des Evangeliums und der Gnade blind wurde. Die Folge waren Starrheit und Verdrängung – wobei diese Haltungen auch noch als „Heiligkeit" ausgegeben wurden. Ein Vergehen, daß zum größten Triumph des Bösen über die Freiheit des Evangeliums führte. Es hat die positive Energie des menschlichen Gefühlslebens und der Zuneigung, die doch die Urkraft der Materie ausmacht, auf schreckliche Weise lahmgelegt.

Doch der leibhaftig gewordene und verborgene Christus zeigt sich in der Geschichte immer noch als „jenes Geheimnis, das seit ewigen Zeiten und Generationen verborgen war. Jetzt wurde es seinen Heiligen offenbart; Gott wollte ihnen zeigen, wie reich und herrlich dieses Geheimnis unter den Völkern ist: Christus ist unter euch, er ist die Hoffnung auf Herrlichkeit" (Kol 1,26–27). Dieser Christus wird ganz sicher seine Ernte einbringen, und die Kräfte der Gesundheit und des Wachstums werden sich ausgerechnet durch das schwache Fleisch offenbaren, durch dieses Medium, dem man das am wenigsten zugetraut hätte.

Doch ganz an den Anfang müssen wir einen festen Akt des Vertrauens auf das setzen, was Gott in Jesus vollbracht hat. Wir können erst dann eine gesunde, unseren jüdischen Wurzeln entsprechende und inkarnatorische Sicht der Wirklichkeit wiedergewinnen, wenn wir uns ganz darüber klar werden, daß Gott das menschliche Fleisch ein für alle Mal zu einem bevorzugten Ort der Begegnung mit ihm gemacht hat. Mit dem Dualismus haben wir jetzt lange genug gelebt, und auch lange genug mit einer schlechten Verspiritualisierung und fragwürdigen Gnostik. Wir müssen uns jetzt mit aller Deutlichkeit klar darauf besinnen, daß die Inkarnation der Anfangs- und Einstiegspunkt jeglicher christlicher Gotteserfahrung ist. Wir müssen zur hebräischen Tradition der Ehrfurcht vor dieser Welt und vor uns selbst zurückkehren. Von dieser Einstellung war auch Jesus geprägt. Er nahm aus Freiheit den Menschenleib an, und auch ich bin Menschenleib. Mein leiblich verfaßtes Ich ist das einzige Ich, das ich je kennengelernt habe. Wir haben keinen anderen Ausgangspunkt, keine andere Empfangsstation – wir haben nur diese leibhaftig verfaßte Persönlichkeit, die Gott erschaffen, in die er offensichtlich sein ganzes Vertrauen gelegt und die er als seinen „Tempel" bezeichnet hat.

Auch ich muß anfangen, voll Vertrauen das anzunehmen, was Gott voll Vertrauen angenommen hat. Was

Gott aus freien Stücken in die Welt gesetzt hat, worauf er sich risikobereit eingelassen hat, auf das muß auch ich mich einlassen.

Nachdem ich nun über zwanzig Jahre lang Exerzitien gehalten und Menschen geistlich begleitet habe, bin ich der festen Überzeugung, daß dies der einzige Weg zur Weisheit ist. Damit ist durchaus nicht, wie so viele befürchten, der Weg der Laxheit und der Dekadenz beschritten. Am besten hat das vermutlich Teilhard de Chardin, der französische Wissenschaftler, Poet und Priester formuliert: „Für uns ist es wichtiger geworden, uns vor einem Fehltritt in acht zu nehmen, als für Gott etwas zu wagen. Das ist es, was uns umbringt."

Nur wenn uns jemand erlaubt, endlich Vertrauen in uns selbst zu haben, fangen wir auch an, wirklich auf uns selbst zu hören und uns selbst so ernst zu nehmen, wie ich glaube, daß Gott es tut. Nur wenn wir anfangen, Vertrauen in uns selbst zu haben, fangen wir an, die Verantwortung für uns selbst und für unsere Fehler zu übernehmen. Nur so wachsen wir und werden reifer und „werden zu vollkommenen Menschen, die Christus in seiner vollendeten Gestalt darstellen" (vgl. Eph 4,13).

In dieser vergänglichen Welt, in der wir Menschen überall nur allzu deutlich an Grenzen stoßen, gibt es nichts rein Weltliches und nichts rein Heiliges. Es gibt nur eine im großen Ganzen gute und eine im großen Ganzen schlechte Ausrichtung. Jesus ist gekommen, um uns den Weg zu zeigen, den Weg durch all das hindurch. Die Theologen nennen dies das „Pascha-Mysterium", den Weg des Sterbens und der Auferstehung.

Wir müssen es zulassen, daß wir in unserem Leben gelegentlich auf den guten und gelegentlich auf den schlechten Weg geraten. Das erzeugt ja jene schöpferische Spannung, aus der wir die Energie und Kraft für unsere spirituelle Reise gewinnen. Alles andere ist Illusion. Die Gnade wirkt auf so wunderbare Weise, daß sie diese beiden gegensätzlichen Kräfte zusammenführen und statt zu Kräften des Todes zu Kräften des Lebens werden lassen kann. Wir nennen das dann „Heiligkeit".

Ich bin sicher, daß sich Leiber buchstäblich ineinander verwickelt haben, seit es sie gibt. Denn, wenn man ernstnimmt, daß dieses „Ich", als das jeder von uns durchs Leben geht, nun einmal unvermeidlich in einen Leib gehüllt ist, dann ist das ganz grundlegend, allgemein und überhaupt nicht verwunderlich. Offensichtlich haben wir es ja gern, ja brauchen wir es, daß man uns leibhaftig anfaßt; das erinnert uns daran, daß wir wirklich leben und daß wir einander etwas bedeuten. Die meisten sogenannten „primitiven Völker" scheinen sich dessen ganz natürlich bewußt zu sein, während die meisten Menschen, die das Produkt unserer Zivilisation sind, gewaltige Verdrängungsmechanismen und Tabus geschaffen haben, um sich gegen diese elementare Kraft zu schützen. Natürlich zeigt sich dieses Bedürfnis dann lediglich raffinierter und versteckter, und am Ende haben wir eine Sexualität, die wir nicht mehr verstehen und nicht mehr schöpferisch meistern.

Wenn wir das Phänomen zunächst einmal oberflächlich betrachten, können wir unschwer erkennen, daß Körper ganz spontan versuchen, sich gegenseitig ihre Empfindungen mitzuteilen, sich wohl zu fühlen, sich miteinander zu vereinigen, ihre Schmerzen zu beheben; daß Körper ihren eigenen chemischen und hormonellen Bedürfnissen unterworfen sind, und daß Körper darin gefangen sind, bloß Körper zu sein. Und ich muß ganz deutlich sagen: An der Tatsache, daß viele, wenn nicht die meisten Körper gefangen und gehemmt sind, ist nicht vorbeizukommen. Ja, mit den starrsten Moralisten wäre ich mir immerhin in der Überzeugung einig, daß mit unseren Körpern irgendetwas nicht stimmt. Wenn wir aber den Dämon der Sinnlichkeit oder der Lust austreiben wollen, müssen wir ihn zuerst bei seinem richtigen Namen nennen. Wir müssen wissen, was eigentlich genau mit unseren Körpern los ist. Sonst könnte es sein, daß wir statt des Dämonen einen Engel austreiben.

Ich habe den Eindruck, unsere Körper sind gar nicht so sehr darin gefangen, bloß Körper zu sein. Viel schlimmer beeinträchtigt sie die zwanghafte Vorstellung, sie müßten mit aller Gewalt zu Geist werden. Deshalb strengen sie sich verbissen an, sie selbst zu werden, statt einfach, sich selbst richtig auszudrücken. Sie kämpfen vor allem mit der Aufgabe, in sich selbst eins zu werden, statt mit einem anderen Körper eins zu werden. Unsere Körper richten ihre verzweifelte Anstrengung viel stärker darauf, mit ihrem eigenen sexuellen Selbst eins zu werden, statt zur Einheit mit ihrem sexuellen Gegenpol zu gelangen. Ja, vielen Körpern geht es nicht in erster Linie darum, den Schmerz zu überwinden, sondern darum, tief und endgültig den Schmerz des Alleinseins und des Menschseins zu spüren. Die Sexualität ist dann weit mehr eine Reise in die innere Finsternis als deren Erhellung, und die angstvollen Blicke und das Stöhnen der Liebenden offenbaren die Wahrheit, die wir unbewußt schon längst begriffen haben: Ich bin immer noch allein.

Doch auch das Gegenteil ist wahr. Ein Mensch, dem man den Freiraum verschafft hat, zu wachsen, Fehler zu machen, Selbstvertrauen zu gewinnen, sich zu ändern, weiterzuwachsen, neue Fehler zu machen und neue

Gnaden zu erfahren, wird vermutlich die Erfahrung machen, daß Menschliches und Göttliches von Natur aus zutiefst auf Gemeinschaftlichkeit angelegt sind. Hat er einmal diese Erfahrung gemacht, so relativiert sich für ihn der bloße genitale sexuelle Akt ein für allemal. Er erkennt ihn als das, was er in Wirklichkeit ist: Als einen Weg und ein Fenster zu einer viel tieferen Wirklichkeit. Menschen, die dies erfahren haben, werden zu immer tieferer Kommunikation fähig und lösen sich gleichzeitig immer mehr aus der Abhängigkeit von ihren kurzfristigen Ritualen. Das muß mit dem gemeint sein, was wir als „evangelische Freiheit" bezeichnen.

Wir müssen zugeben, daß die christliche Tradition weithin für diesen Aspekt der Freiheit blind gewesen ist. Wenn es so etwas wie einen korporativen christlichen Schatten gibt, einen Lebensbereich, der völlig ausgeblendet und unterdrückt worden ist, dann ist es gewiß dieser Bereich, in dem die menschliche Sexualität als etwas zutiefst Positives aufleuchtet. Welches Paradox, daß ausgerechnet die Religion, in deren Mittelpunkt die Glaubenswahrheit steht, daß Gott Fleisch geworden sei, am hartnäckigsten eine negative Einstellung zur menschlichen Fleischlichkeit und Leibhaftigkeit entwickelt und verfochten hat!

Wie ist es zu dieser Schieflage gekommen? Schon zur Zeit des Neuen Testaments gab es Einflüsse vonseiten des Stoizismus auf die junge Christenheit. Dann gerieten wir in verschiedene Formen des Dualismus. An die Stelle des Ideals, Martyrer für Christus zu werden, trat die mönchische und hermetische Askese; Buße und Abtötung wurden in vielen Ordensgemeinschaften oft zum Selbstzweck; die mittelalterliche Kirche kreiste allzusehr um die Themen wie das Sterben, das Fegfeuer und der Angst vor der Hölle. Die Reformer richteten ihr Augenmerk hauptsächlich auf kirchliche Strukturen und theologische Definitionen, und viel weniger auf die gemeinsamen Werke der Barmherzigkeit oder die Qualität des Lebens der Menschen. Und dann geht es weiter mit 400 Jahren voller „Angelismus", Pietismus, Puritanismus, Victorianismus, unerschöpflichem katholischem Legalismus und protestantischem Verbalismus. Zudem exportieren wir das auch noch in gut kolonialistischer Manier im Namen Jesu an alle Enden der Erde.

Aber das hat nichts mit Weisheit zu tun. Und heute, in unserer Zeit, ernten wir die Früchte dieser jahrhundertelangen Verdrängung. Der größte Teil der westlichen Welt hat sich längst von der Kirche verabschiedet, und die Menschen suchen die Weisheit andernorts. Unglücklicherweise begnügen sie sich gelegentlich an solchen anderen Orten damit, „ihren Hunger mit den Futterschoten zu stillen, die die Schweine fressen" (vgl. Lk 15,16). Wir in der Kirche aber müssen uns fragen, ob wir nicht der Vater gewesen sind, der diese Menschen aus dem Haus geekelt hat, indem er ihnen hier so wenig Vertrauenswürdiges oder Lebenspendendes bot.

Wir müssen unsere zwiespältige Einstellung zu unseren Gefühlen, unsere Minderbewertung des Leibes und unsere merkwürdige Haßliebe zu unserem genital-sexuellen Selbst aufarbeiten. Wenn wir ganz ehrlich sind, dann müssen wir zugeben, daß unsere Tradition immer gnostisch gefärbt, übermäßig spiritualisiert und „metaphysisch" war. Sie ist darin erstarrt, akademisch über abstrakte theologische Fragen zu streiten. Sie hat es fertiggebracht, in heißen Diskussionen über die Beziehung des Geistes zum Vater und zum Sohn sowie über das Verhältnis der göttlichen zur menschlichen Natur in Christus (die „hypostatische Union") Völker, Kirchen und die Geschichte zu spalten. Sie hat aus den biblischen Heilszusagen Gottes hochgestochene abstrakte Theorien gemacht. Aus der Zusage, immer bei und für uns da zu sein, entwickelte sie die Lehre von der „Transsubstantiation", aus Gottes Versprechen, uns zu erlösen, Theorien über „Rechtfertigung" und „Sühne". Die westliche Kirche war jahrhundertelang voller Argwohn gegen die ganzheitlichen Intuitionen unseres tiefsten Selbst. Sie hat die Kraft zur Synthese und den Sinn für jene schöpferischen Energien, die im Paradox stecken, verloren. In dieser Hinsicht hat die Kirche ganz eindeutig den Bezug zu ihren biblischen Wurzeln und zur alles verwandelnden Kraft der jüdisch-christlichen Religion verloren.

Ich glaube nicht, daß irgendeine der gerade genannten Fragen müßig oder unwichtig gewesen wäre oder heute ist. Das Bedenkliche ist aber, daß wir sie immer nur unter theologischem Gesichtspunkt gesehen haben. Für die Menschen wäre es vermutlich viel fruchtbarer gewesen, wenn wir zum Beispiel die hypostatische Union nicht nur als theologischen Lehrsatz behauptet, sondern daraus auch praktische Konsequenzen für unser Leben gezogen hätten. Wir haben es versäumt, die Wahrheit unserer Fragen mit der Wirklichkeit unseres Lebens in Beziehung zu bringen. Uns ging es in erster Linie um die Kontrolle über die spirituelle Lehre, statt um das Ergriffenwerden von der spirituellen Kraft. So konnte es dazu kommen, daß wir aus lauter Angst vor der spirituellen Kraft den Kontakt mit der Welt des Spirituellen ganz allgemein und insbesondere mit der Welt der Sexualität verloren haben. Ein Beweis für diesen Zusammenhang ist vielleicht, daß die beste Theologie von denen stammt, die auch im praktischen Seelsorgedienst stehen.

Jahrhundertelang waren wir nicht imstande, auf überzeugende und schöpferische Weise Menschliches und Göttliches, Fleisch und Geist miteinander in Verbindung zu bringen. Jetzt steht die westliche Zivilisation jäh vor einer weithin dekadenten sexuellen Rebellion, ohne daß sie fähig wäre, ihr Gefühlsleben schöpferisch zu nutzen und zu verstehen. Stattdessen vergötzt sie alles Materielle. Ich glaube, der wichtigste Grund für die Entwicklung ist, daß die westliche Kirche darin versagt hat, der Welt das zu geben, was ihr Gott in Jesus geschenkt hat: die Inkarnation, die Fleischwerdung (Joh 1,1–18) und die Integration, das Zusammenführen zur Ganzheit (Kol 1,15–20).

Doch gehen wir bei unserem Versuch, den Dämon genau zu benennen, noch einen Schritt weiter. Ich glaube, alles bisher Gesagte kann historisch und kulturell immer noch einigermaßen erklärt werden. Im demselben Maß, in dem sie die Geschichte mitgestaltet hat, war die Kirche auch das Opfer der Geschichte. Doch allem Anschein nach verfügt Gott über genügend langen Atem, um damit fertig zu werden und unsere Reifung in Ruhe abzuwarten. Doch sitzt das Problem tiefer. Ich glaube, mit einer Kirche, die allzu menschlich und weltlich, in Leibliches und in Gefühle verstrickt wäre, kämen wir durchaus klar. Ja, ich glaube sogar, damit wäre sie reformierbar.

Was die Situation jedoch äußerst problematisch und schwer faßbar macht, ist der Umstand, daß die Kirche seit ihren Anfängen gewaltig in materielle Dinge verstrickt war und sich auf „Physisches" eingelassen hat, *ohne das jemals zuzugeben.* Die Kirche hat immer hartnäckig so getan, als sei das überhaupt nicht der Fall. Sie redet weiterhin in der Sprache der Abstraktion und Mystifizierung, so daß kein Mensch weiß, wissen kann oder auch nur wissen möchte, was das mit unserer menschlichen Alltagserfahrung zu tun hat. Die Kirche weigert sich, wahrzunehmen, daß sie eine ungeheuer starke historische und menschliche Komponente hat. Sie ist nicht bereit, zuzugeben, daß sie sich des Mediums der Kultur bedient, folglich wird sie ein Opfer der jeweiligen Kultur, benützt aber weiterhin die Sprache einer Gegen-Kultur. Man könnte geradezu meinen, sie wolle sich selbst an der Nase herumführen.

Nehmen Sie zum Beispiel den früh aufgekommenen Kult um Reliquien und Wallfahrtsorte, die ständige Fixierung auf Bauten in der westlichen Kirche, das oft an Zwanghaftigkeit grenzende Bedachtsein auf die Sexualmoral, die Kämpfe des Papsttums um irdische Macht, den um sich selbst kreisenden Ritualismus vieler orthodoxer Gruppen, den behavioristisch und kulturell geprägten Moralismus vieler Protestanten. All das läßt sich so deuten, daß die Christenheit sich in solche Dinge gewaltig verstrickt hat, weil sie sich weigert, zuzugeben, daß sie immer auch menschlich und historisch bedingt ist. So wird sie zum Opfer dessen, was sie in ihrem idealisierten Selbst verdrängt. Bei der wirklichen, praktischen Unterscheidung der Geister hat sie sich dagegen als sehr schwach erwiesen; oft war sie nicht einmal imstande, das wirklich Gute vom wirklich Schlechten zu unterscheiden. Die Folge davon ist, daß sie sich auf jenem Gebiet, das ihr ureigenstes sein sollte, gar nicht richtig auskennt: auf dem Gebiet der Spiritualität und deren leibhaftiger Ausdrucksform, der Sexualität. Die Kirche hat noch gar nicht bemerkt, daß etliches von dem, was sie auf der Habenseite verbucht, sie doch gewaltig fordern wird und etliches von dem, was sie als ihr Defizit ansieht, zu ihren größten Kapital gehören könnte.

Wir haben immer gemeint, wir könnten mit Gott auf dem Papier verkehren und ihm durch die korrekte Beobachtung von Regeln begegnen. In der Bibel werden ganz andere Wege aufgezeigt: Da sieht es ganz so aus, als könnte man Gott nur in der eigenen Geschichte begegnen, und zwar vor allem an den Punkten, wo wir uns mutig unserer eigenen Sündhaftigkeit und Schwäche stellen. Wir haben gemeint, wenn wir auf dem Papier den Monophysitismus bewältigt hätten (die Auffassung, daß Jesus nur eine Natur habe, d.h. völlig Gott und nicht richtig Mensch sei), hätten wir ihn auch grundsätzlich bewältigt. In Wirklichkeit ist die Kirche in ihrer Geschichte weithin nicht nur gnostisch, sondern auch monophysitisch geblieben. Glücklicherweise hat es aber immer wieder ganzheitliche und heilige Männer und Frauen gegeben, die diese Verengung dank der Gnade Gottes durchbrochen und für kurze Augenblicke eine überzeugende Synthese gefunden haben. Doch unglücklicherweise scheint es so zu sein, daß man von dem beherrscht und geprägt wird, was man verleugnet und unterdrückt. Wir haben uns energisch dagegen gesträubt, positiv mit unserer Sexualität ins Gespräch einzutreten, auf sie zu hören, sie anzunehmen und eine gesunde Beziehung zu ihr aufzubauen. Jetzt stellen wir uns völlig unbeholfen an und haben jeglichen Sinn dafür verloren, daß sie eine ungemein positive Bedeutung für unseren Glauben hat. Sie ist als Schatten verdrängt und wirkt von dieser Position her eher bedrohlich und verunsichernd auf uns.

Wir können dieses Problem natürlich nur so anpacken, daß wir zu den Anfängen zurückkehren und womöglich „diese Gegend zum erstenmal kennenlernen" (T.S. Eliot). Christus, der „Fleisch angenommen" hat, soll dabei unser Führer sein. „Er ist vor aller Schöpfung, in ihm hat alles Bestand. Denn Gott wollte mit seiner ganzen Fülle in ihm wohnen, um durch ihn alles zu versöhnen, alles im Himmel und auf Erden" (Kol 1,17.19–20).

In Jesus zeigt sich uns Gott als der „perfect exchanger", der alles restlos Teilende, um Rosemary Haughtons treffendes Bild für den dreifaltigen Gott zu gebrauchen. Jesus kann nur geben, was er zuvor empfangen hat (Joh 5,19;8,28), und er behält nichts von dem, was ihm der Vater gegeben hat, für sich (Joh 15,15). Er ist der ganz und gar Empfangende und daher auch der ganz und gar Schenkende: „Denn wie der Vater das Leben in sich hat, so hat er auch dem Sohn gegeben, das Leben in sich zu haben" (Joh 5,26).

Die Sprache, mit der im Neuen Testament von Gott die Rede ist, sollte man nicht so verstehen, als sei sie sexistisch oder handle von Herrschaft oder Vorrang; in Wirklichkeit stellt sie den Versuch dar, eine zutiefst ganzheitliche Beziehung zu beschreiben. Der Heilige Geist ist die personale und und personalisierende Frucht eines solchen verletzlichen Austausches. Die Sünde dagegen besteht in der Weigerung, auszutauschen – sei es in der Form des Empfangens oder des Zurückschenkens. Sündigen heißt, sein Ich als unabhängigen Besitz oder als privates Recht ganz allein für sich selbst zu beanspruchen. Sünde ist zutiefst immer eine Art der Fixierung auf sich selbst und damit eine Lüge über die Beschaffenheit der Wirklichkeit. Der Heilige Geist dagegen, der uns alle Wahrheit lehrt, versöhnt wieder das, was in Teile auseinandergebrochen war, miteinander und feiert die wiedergewonnene Einheit. Der Geist Gottes fügt alle Einzelteile wieder zusammen, indem er sie daran erinnert, daß sie zutiefst immer schon eins sind – ja, daß sie, lange ehe sie zu Bruchstücken eines größeren Ganzen wurden, schon längst dieses große Ganze waren.

Was wie eine Neuentdeckung aussieht, ist genau besehen nur die Wiedererkennung einer Wirklichkeit. Was wie das Ziel einer Entdeckungsreise erscheint, ist viel eher ein Heimkommen ins Bekannte. Der Geist macht eins. Die Sünde trennt immer. Gott ist immer damit beschäftigt, alles völlig und ganz miteinander zu versöhnen. Mit anderen Worten: Das einzig wirklich Böse in uns besteht darin, unser Gutsein zu unterdrükken. Dieses Gutsein ist der Geist, der uns versprochen und geschenkt ist. Ihn zu unterdrücken, ist wirklich etwas Böses.

In unserer Alltagswirklichkeit äußert sich dieses Bösesein in Härte, Verschlossenheit, Mangel an Zuhörenkönnen, in der Weigerung mitzufühlen, in Selbsthaß in seinen vielfältigen Verkleidungen und ganz allgemein in der Oberflächlichkeit. Darin besteht die große Sünde des Unglaubens, die die Seele des Menschen tausendmal am Tag vom Weg abbringt. Wir weigern uns zu glauben, wer wir nach Aussage des Sohnes sind: Söhne und Töchter des lebendigen Gottes. Gnadenlos verabscheuen wir uns selbst , und in vielerlei Hinsicht hat uns unsere Fixierung auf einzelne Sünden davon abgehalten, diese wirklich große Sünde überhaupt zu erkennen. Das ist die unverzeihliche, gar nicht erkannte Sünde gegen den Heiligen Geist. Sie ist unverzeihlich, weil man dabei gar nicht erkennt, daß man nicht glaubt, was Gott für uns getan hat.

An dieser Stelle eröffnet uns die christliche Tradition den Zugang zu wirklicher Weisheit. Zunächst einmal hat sie uns Gott als „Dreifaltigkeit" definiert, das heißt als ein Wesen, das verletzlich ist, zutiefst auf Gemeinschaftlichkeit und auf Gegenseitigkeit angelegt. Keine andere Religion bietet einen solchen Ansatzpunkt und eine solche Grundlage für eine Theologie der Beziehung. Der christliche Gott ist kein Einsamer. Der christliche Gott ist vollkommene Gemeinschaft und Beziehung.

Deshalb offenbart uns zweitens die jüdisch-christliche Tradition einen Gott, der Leidenschaft ist. Der Gott dieser Tradition ist nicht das leidenschaftslose, allmächtige, abstrakte Wesen der Philosophen, wenn wir auch immer wieder versucht haben, ihn so darzustellen. Der Gott dieser Tradition ist vielmehr wütend, zärtlich, eifersüchtig und offensichtlich hoffnungslos verliebt. Gott ist mit seiner Liebe derart „außer sich", daß er einseitige Versprechungen und Bündnisse macht, die wir überhaupt nicht brechen oder ändern können. Offensichtlich hat sich Gott darauf eingestellt, jahrhundertelang auf eine gläubige Antwort zu warten und in der Zwischenzeit alle Arten von Mißständen hinzunehmen. Er ist sozusagen ein Narr aus lauter Liebe.

Leidenschaft aber bringt genau das mit sich: Sie macht verwundbar für Leiden und sie führt in Leiden. Nicht ohne Grund steckt diese Andeutung schon im Wort selbst. Wie zu erwarten, sind wir nicht ohne weiteres damit einverstanden, es mit einem leidenschaftlichen Gott zu tun zu haben. Schließlich haben wir es noch gar nicht gelernt, mit einer solchen Wirklichkeit zu leben. Aber Gott bleibt offensichtlich dabei, und ich denke, auf lange Sicht gibt das den Ausschlag. Gott wird sich keineswegs ändern. Doch ich bin sicher, wir werden es irgendwann tun; denn endlos lange können wir Gottes Leidenschaft für uns nicht widerstehen.

Das bringt uns auf den dritten bleibenden Wert der Tradition – auf die Treue. Bis heute haben wir gebraucht, um zu verstehen, daß die Zeit selbst die große Offenbarung ist. Wenn wir „darin bleiben", erschließen sich uns im Lauf der Zeit die Grundmuster und Rhythmen des Lebens und der Liebe.

Wenn wir hören, wenn wir hinhorchen, werden wir das Wesentliche erfahren. Wenn wir uns erinnern, wenn wir immer wieder zurückdenken, wird uns etwas, wird uns jemand begegnen. Wenn wir bereit sind, zumindest an einer Stelle ganz tief zu gehen, werden wir Kontinuität, Richtung und Sinn entdecken. Dann kommen uns Fragen wie: „Wer trägt mich eigentlich?", „Wer umsorgt mich in Güte?", „Geht jemand mit mir oder geht mir jemand voraus?" Und uns geht auf, daß da einer ist, der uns die Treue hält. Dann bekommt die Treue für uns einen Sinn. Ja, sie wird dann als einziges allem einen Sinn geben. Die Treue ist die Grundhaltung Gottes. Der Umstand, daß wir „darin bleiben", ist ein Zeichen dafür, daß wir im Heil sind.

Viertens weist uns vor allem die jüdische Tradition ganz besonders deutlich darauf hin, daß wir unablässig der Gefahr ausgesetzt sind, dem Götzendienst zu verfallen. Sie zeigt uns, worin dieser Dienst besteht. Sie macht uns darauf aufmerksam, daß wir von Natur her den Hang haben, uns unsere eigenen Götter zu machen. Wir haben eine Schwäche für absolute Behauptungen und endgültige Antworten. Vor zwiespältigen Situationen und paradoxen Zuständen graust uns. Wir wollen, daß alles von einer „Geradlinigkeit" ist, auf die wir uns verlassen können, und daß eine für uns beherrschbare Kraft am Werk ist, die immer auf unserer Seite steht. Wir brauchen einen warmen Körper, der uns gegen unsere eigene Kälte schützt. Wir wünschen uns alles andere,nur keine lange Wanderung, kein Suchen und Tasten und keine Irrtümer. Und so stellen wir uns unsere eigenen Götter her, die nicht lange halten, und „die sie gemacht haben, vergehen wie sie" (vgl. Ps 135,18).

Die Tradition sagt uns dagegen, daß man alle menschlichen und geschaffenen Dinge ins rechte Verhältnis setzen und in ein harmonisches Gleichgewicht bringen sollte. Dazu gehört unsere Bezogenheit auf andere und deren Erwartungen an uns, dazu gehören unsere sexuellen Tabus, unsere leiblichen Vergnügungen und sogar unsere individuellen Rechte auf Glück. So altmodisch das auch klingen mag: Ich glaube, genau das sagt die Bibel. Genau wie jemand einmal festgestellt hat: „Die Konservativen vertreten nicht unbedingt die falschen Gewißheiten. Sie wissen nur allzuleicht zu viele Dinge zu gewiß." Diese Art des Konservativismus führt bei jedem von uns zu einer ganzen Menge von Götzen und verhindert, daß wir uns Gott wirklich ausliefern.

Gerade auf dem Gebiet der Sexualität scheinen wir alle unsere blinden Flecken zu haben, unsere heiligen Kühe, die niemand anrühren darf. Die Liberalen werden immer irgend einen Dreh finden, um zu sagen, das sei alles ganz in Ordnung, die Konservativen werden dagegen immer entschlossen sein, auf dem Gesetz zu bestehen. Beide Parteien scheinen Angst davor zu haben, auch nur um eine Kleinigkeit nachzugeben. Mit Götzenbildern, die einen eindeutigen Umriß haben und sich klar erklären lassen, scheint es sich leichter zu leben. Auf diesem Hintergrund liefert uns die Tradition die Weisheit, daß Gott bei allem, was er tut, immer die Grenzen kultureller Ängste und Moden sowie sozialer Tabus überschreitet. Das gilt ganz besonders für dieses Gebiet, auf dem so viele Dinge zusammengekommen sind, und wo es äußerst schwierig ist, das, was Gott wirklich dazu sagt, klar von dem zu trennen, „was mir meine Mutter gesagt hat" oder was mir die Mutter Kirche beigebracht hat. Die Tradition allein bietet uns die Kriterien für eine individuelle und weise Unterscheidung.

In glaube, die Tradition hat offenen und gehorsamen Menschen eine sehr intuitive Weisheit und einen sehr gesunden Menschenverstand dafür vermittelt, was im Bereich unserer sexuellen Bezogenheit aufeinander echt und was unecht ist. Sie steckt für uns einen Rahmen ab, in dem wir uns bewegen und unser wahres leibliches und spirituelles Selbst entdecken können.

Die Studie der „Catholic Theological Society" über „Menschliche Sexualität" (Doubleday 1979) umreißt das recht gut, indem sie feststellt, unser sexuelles Tun solle darauf abzielen, „zur Befreiung vom eigenen Ich, zur Bereicherung des anderen, zu Ehrlichkeit, Treue und sozialer Verantwortung, zum Dienst am Leben und zur Freude zu führen". Das ist selbstverständlich eine lebenslang zu erfüllende Aufgabe, ein Weg, der das ganze Leben lang zu gehen ist, aber es ist nicht mehr und nicht weniger als das, was Jesus uns gelehrt hat, als er sagte, das erste und größte Gebot sei, Gott und seinen Nächsten zu lieben. Gottes- und Nächstenliebe sind zwei „gleich wichtige" Gebote (vgl. Mt 22,39). Das eine befähigt dazu, das andere zu erfüllen und umgekehrt. Wir lernen in dem Maß die angemessene sexuelle Liebe, in dem wir begreifen, welch leidenschaftliche Zuneigung Gott zu uns hat. Und wir verwirklichen in dem Maß eine eigentliche Spiritualität, in dem wir die Eigenart der menschlichen Sehnsucht und Zuneigung erfassen.

Schließlich besteht das einzig wichtige Gebot der Bibel für uns darin, in unserem Leben die Art, wie Gott liebt, nachzuahmen und zuzulassen. Wenn uns das allzu sanft und liberal vorkommt, dann vielleicht deshalb, weil wir noch nie die Liebe wirklich „durchgezogen" haben. Wir haben uns noch nie über all ihre Stufen führen lassen, durch alle Stadien der inneren Erfahrung von Ekstase, Einsamkeit und Läuterung. Vielleicht ist unser ausgiebiges Theologisieren über das Verhältnis von Gnade und guten Werken ein Anzeichen dafür, daß wir unfähig sind, Liebe und aktives Tun auf einen Nenner zu bringen. Es wird harter Arbeit bedürfen, um zu einer ganzheitlichen und wirklich leidenschaftlichen Sexualität zu gelangen. Wir werden uns das aber mehr wünschen müssen als fast alles andere.

Die Mystiker haben immer wieder gesagt: „Wahrscheinlich läßt sich Gottes Liebe tausendmal schwerer ertragen als seine Gerechtigkeit." Das gleiche gilt für die menschliche Liebe! Und darüber bin ich mir sicher: Vor Gottes Liebe fürchten wir uns, nicht vor Gottes Gerechtigkeit. Vor gegenseitiger Güte schützen wir uns, nicht vor dem Gesetz.

Gottes Weise, uns zu lieben, ist die einzig legitime Lehrmeisterin für menschliche Sexualität. Gott mit seiner Leidenschaft ist der Urheber unserer Leidenschaft. Unsere tief eingefleischte Sehnsucht zielt unwiderstehlich darauf, zu jenem Ursprung zurückzukehren, an dem alle Dinge eins sind. Wenn wir Angst vor unserer Sexualität haben, haben wir auch Angst vor Gott.

So können wir noch einmal mit Thomas Mertons

treffenden Worten unsere Aufgabe formulieren: „Wir rüsten uns für Christus, dessen Lächeln – wie ein Blitz – das Lied der ewigwährenden Herrlichkeit freisetzt, die jetzt noch schlummert, wie Dynamit in deinem papierenen Fleisch."

Sehnsucht nach Ganzheit

Wenn wir über die menschliche Sexualität nachdenken, ist es wichtig, zwischen Sexualität und Genitalität zu unterscheiden. Die meisten Leute verwenden den Begriff „Sexualität" für beides und schaffen so eine pauschale und nahezu nutzlose Sprache, die nur dazu gut ist, Mythen und Mißverständnisse endlos fortzuschreiben.

Unter Sexualität verstehen wir die umfassendste, alles durchdringende gegenseitige Ergänzung von Personen und gewisserweise zwischen allen Lebewesen. Leben wird von Leben angezogen. Schönheit wird sowohl von Schönheit wie von Gebrochenheit angezogen – und das ist eine gute Beschreibung von allem, was lebt.

Das Leben ist gebrochen und begrenzt, und dennoch Teil eines größeren, anziehenden Ganzen. Wir sehnen uns danach, mit dieser Ganzheit eins zu sein. Uns scheint das Bedürfnis eingepflanzt zu sein, uns an den andern hinzugeben – zumindest fasziniert uns diese Möglichkeit und zieht uns an. Man braucht nur die Menschen auf einem Flughafen oder auf der Straße zu beobachten, Illustrierte voller Klatschgeschichten und Groschenromane zu lesen, den Gesprächen der Menschen zuzuhören, um festzustellen, daß Menschen vor allem durch andere Menschen aufgeweckt und angezogen werden.

Das ist Sexualität. Sexualität ist die Energie, die uns am Leben hält und zur Kommunikation miteinander treibt. Ohne sie würden wir uns mit einer Art von metallisch-kaltem Leben zufriedengeben; jeder wäre in seiner eigenen Innenwelt befangen und würde gar nicht das Bedürfnis verspüren, über sich hinauszugehen, oder den Wunsch empfinden, sich um jemand anderen zu kümmern. Dann gäbe es auf der Erde nicht mehr jene Urkraft, die zum Einswerden, zur Verbindung, zur Beziehung und zum Mitleid drängt. In ihrem Kern ist die Sexualität deshalb eine ständige Äußerung des Heiligen Geistes.

Offensichtlich mußte Gott alle nur erdenklichen Risiken eingehen, damit wir nicht das einzig Notwendige verfehlten: Durch eine geradezu unersättliches Verlangen mußten wir aus uns selbst herausgerufen, ja herausgetrieben werden, so daß wir uns niemals der Illusion hingeben konnten, wir könnten uns selbst genügen. Das Bewußtsein, daß wir unvollkommen, bedürftig und gänzlich auf andere angewiesen sind, ist so wichtig, daß Gott einen Urdrang in uns schaffen mußte, der sich niemals stillen läßt, ja der erst zehn Minuten nach unserem Tod zur Ruhe kommt, wie man uns im Noviziat erzählt hat! All das sagt mir, daß hier etwas ganz Wesentliches geschieht, und ich bin froh, als sexuelles Wesen verfaßt zu sein – also sowohl anziehend (wie ich doch hoffe!) als auch immer wieder angezogen von anderen.

Das Wort „Sexualität" selbst kommt vom lateinischen „secare", das „schneiden" oder „teilen" bedeutet. Es deutet jenes Urgefühl an, daß irgendetwas getrennt voneinander ist und allem Anschein danach verlangt, wieder eins zu werden. Aber es handelt sich um ein

Einswerden, das auf Verschiedenheit und gegenseitiger Ergänzung beruht. Das ist die Macht und Energie der Sexualität. Es ist die Macht der Gegensätze und die Energie einer bestimmten Form der Gegensätzlichkeit. Sexuelle Anziehung ergibt sich aus der allumfassenden Polarität dessen, was wir als männlich und weiblich bezeichnen.

Alle meine Erfahrungen als Lehrer, als geistlicher Begleiter, als Mann, als jemand, der schon unzählige Kulturen besucht hat, sowie mein Geschichtswissen sagen mir, daß Männer und Frauen offensichtlich voneinander verschieden sind. Ich gebe zu, wir alle sind von unserer Kultur geprägt; und ich bin nicht kompetent genug, um mich in die Debatte um die ewige Frage einmischen zu können, wie weit wir von Genen und Umwelt beeinflußt sind. Aber wenn Mann und Frau grundsätzlich emotional, psychisch oder spirituell ganz gleich wären, müßte man doch vermuten, daß das in irgendeiner Epoche oder in irgendeiner Kultur einmal zutage getreten wäre. Gewiß, wir haben einige der Unterschiede zwischen Mann und Frau künstlich gezeugt und übertrieben (gewöhnlich zugunsten der Männer), aber hoffen wir, daß wir uns nicht in irgendeine Doktrin versteigen, die Mann und Frau für exakt gleich erklärt und dadurch jener gewaltigen Energie gegenseitiger Ergänzung verlustig gehen, die sich in der fruchtbaren Spannung zwischen Mann und Frau in der Sexualität äußert.

Die Fülle unserer schöpferischen Möglichkeiten in der Sexualität ergibt sich daraus, daß wir als Mann und Frau unsere jeweilige Identität klar erkennen und annehmen. Ich vermute, aus diesem Grund hat Gott einen solchen Akt der Begegnung zweier gegensätzlicher Elemente zum Quell des Fortbestands jeglichen menschlichen, tierischen und pflanzlichen Lebens gemacht.

Die Sexualität offenbart uns etwas über das innerste Herz der Wirklichkeit. Sie schätzt die Spannung und baut alles auf sie auf; in der sexuellen Vereinigung aber wird der Gegensatz immer überwunden.

Die Genitalität ist eine spezifische Ausdrucksweise unseres sexuellen Ich. Sie schätzt die Spannung nicht, sondern sucht stattdessen die Auflösung der Spannung. Damit hat die Genitalität ihren ganz eigenen Stellenwert. Sie kann nicht genau gleich wie die Sexualität bewertet werden, zugleich aber läßt sie sich erst dann richtig verstehen, wenn wir zunächst als sexuell verfaßte Männer und Frauen angenommen und als solche gereift sind.

Bei der Genitalität handelt es sich um die streng biologische und anatomische gegenseitige Ergänzung mittels der Geschlechtsorgane und der primären sexuellen Merkmale. Per definitionem geht es dabei um „Teile", und zwar um Teile unserer selbst, die hormonell und psychologisch derart aufgeladen sind, daß ein Großteil der Menschheit vor allem auf die Genitalität fixiert ist.

Die Genitalität, oder – im übertragenen Sinn – die Fixierung auf Greifbares, hat viele Menschen von jenem viel tieferen Vorgang der Kommunikation und des Daseins füreinander ferngehalten, aus dem wir eigentlich unsere größte Freude schöpfen. die Menschen sind derart auf ihre genitale, visuelle oder physische Befriedigung versessen, daß sie zu voller menschlicher Beziehung und Zuneigung geradezu unfähig sind. Oder einfacher gesagt: Menschliche Wesen können sich nicht nur auf ihr eigenes Vergnügen und dessen unverzügliche Befriedigung konzentrieren und gleichzeitig eine tiefgreifende Liebesbeziehung zu einem anderen Menschen knüpfen und unterhalten.

Viele Menschen beherrschen die Kunst, sich einfach zu freuen oder zu spielen oder jemandem Freude zu machen überhaupt nicht. Ich kann mir gar nicht vorstellen, was diese Leute einmal im Himmel tun werden. Gott wird sie nicht etwa von der Gemeinschaft der Heiligen ausschließen, nein: vielen von ihnen wird es dort einfach stinklangweilig sein, weil sie nie die Muße und Verspieltheit der ewigen Liebe eingeübt haben.

Echte und beherrschte sexuelle Begegnung kann uns viel über Spiritualität lehren. Sie ist eine Schule des Reifens und der Bekehrung und keineswegs nur der sprichwörtliche Garten der verbotenen Lüste. Vielleicht meiden es deshalb so viele Menschen, sich voll auf die Sexualität einzulassen und beschränken sich bloß auf das Genitale. Doch erst sexuelle Intimität erschließt die volle Wirklichkeit.

Allerdings wären wir naiv, wollten wir leugnen, daß die Umrisse und Bilder des menschlichen Körpers eine geradezu mystische Aura umgibt. Man braucht sich nur die Fruchtbarkeitsriten, die Phallus-Steine, die Darstellung nackter Menschen, die es schon seit unvordenklichen Zeiten gibt, vor Augen zu halten. Ich bin mir sicher, daß wir es hier mit Bildern und Archetypen zu tun haben, die so tief in der menschlichen Psyche verwurzelt sind, daß wir sie nie ganz loswerden oder verdrängen können. Selbst die Religionen und Kulturen mit allen ihren Warnungen und Tabus verschleiern und sublimieren zuweilen nur die Macht dieser sexuellen Bilder.

Auf dem Gebiet der christlichen Sexualmoral bestand vielleicht unser schlimmstes Versäumnis darin, nicht erkannt zu haben, daß jede Liebe gefährlich ist. Die Liebe gefährdet immer unsere bisherige Weltsicht und unsere gegenwärtigen Ich-Grenzen. Doch ist die

Liebe immer besser als alle anderen Alternativen. Sie ist ein Risiko, das wir eingehen müssen, um menschlich zu werden, und nach Johannes „hat Gott nicht erkannt, wer nicht liebt" (vgl. 1 Joh 4,8).

Ich glaube, die Scheu vor dem Wagnis, vor der Angst und der Disziplin, die man auf sich nehmen muß, um richtig zu lieben, führen immer wieder Menschen dazu, sich hinter der Religion zu verschanzen. So ersparen sie sich das gewaltige Maß an Dunkelheit und Leiden, die mit der Entwicklung jeder zwischenmenschlichen Beziehung verbunden sind. Es ist leichter, jedesmal einfach die einschlägigen Kapitel und Verse der Bibel zu zitieren oder sich auf die kulturelle Überlieferung zu berufen, statt sich voll auf das eigene Innere und den potentiellen Geliebten vor der eigenen Tür einzulassen.

Wenn man die Bibel studiert, stellt man überrascht fest, daß Jesus kaum direkt etwas über die Sexualmoral lehrt. Offensichtlich ist ihm das kein dringendes Anliegen. Ihm geht es in erster Linie um die Verkündigung des Reiches Gottes, um die Aufforderung, einander zu verzeihen und sich untereinander und mit Gott zu versöhnen. Das heißt nicht, daß die sexuelle Moral unwichtig wäre, wohl aber, daß Jesus der Auffassung ist, die Sexualität werde von allein ihre richtigen Ausdrucksformen finden, wenn die Menschen die wesentlichen Punkte seiner Botschaft richtig in sich aufnehmen. Auch bei ihnen geht es ja im Grunde um das schöpferische Überwinden von Gegensätzen.

Meiner Ansicht nach gibt es in den Evangelien zwei grundsätzliche Texte, die uns lehren, in welch positivem Sinn Jesus die „Reinheit" versteht. Der erste lautet:

> Das Auge gibt dem Körper Licht. Wenn dein Auge gesund ist, dann wird dein ganzer Körper hell sein. Wenn aber dein Auge krank ist, dann wird dein ganzer Körper finster sein. Wenn nun das Licht in dir Finsternis ist, wie groß muß dann die Finsternis sein! (Mt 6,22–23)

Hier sagt uns Jesus, daß alles auf das richtige Sehen ankommt. Es ist möglich, daß wir in uns ein „Licht" haben, das nicht das richtige Licht ist, und Einsichten in uns tragen, die der wahren Weisheit entbehren. Jesus geht es jedoch nicht vor allem darum, unseren Kopf mit den richtigen Einsichten zu füllen, sondern er will uns anleiten, selbst richtig sehen und folglich einsehen zu können.

Die christliche Tugend der Reinheit besteht darin, so zu sehen wie Gott sieht. Sie ist der lange und mühsame Weg, der immer tiefer in die Einsicht der Wahrheit führt und die Schau der Ganzheit eröffnet. Unreinheit besteht daher im Grunde darin, voreingenommen und tendenziös zu sehen. Unreinheit ist ein Zustand, in dem man sich mit Lügen zufrieden gibt. Er bedeutet, daß wir uns selbst als bloßes Material verstehen und uns darauf beschränken, alles rein äußerlich zu beobachten.

Jesus aber überträgt uns hier die Verantwortung dafür, wer wir sind und was aus uns wird. Wir können unsere Augen schulen, damit sie sehen, was wirklich ist und was sich uns in Fülle darbietet. Dann „gibt unser Auge dem ganzen Körper Licht."

Der zweite grundlegende Text der Aussagen Jesu über die Sexualität schließt inhaltlich an den ersten an:

> Ihr habt gehört, daß gesagt worden ist: Du sollst nicht die Ehe brechen. Ich aber sage euch: Wer eine Frau auch nur lüstern ansieht, hat in seinem Herzen schon Ehebruch mit ihr begangen.
>
> Wenn dich dein rechtes Auge zum Bösen verführt, dann reiß es aus und wirf es weg! Denn es ist besser für dich, daß eines deiner Glieder verlorengeht, als daß dein ganzer Leib in die Hölle geworfen wird. Und wenn dich deine rechte Hand zum Bösen verführt, dann hau sie ab und wirf sie weg! Denn es ist besser für dich, daß eines deiner Glieder verlorengeht, als daß dein ganzer Leib in die Hölle kommt. (Mt 5,27–30)

Wir sehen, daß Jesus wiederum auf unser Auge hinweist und auf die Art, wie wir einander gegenseitig anschauen. Genau genommen will er uns in diesem Abschnitt seiner Antrittsrede nicht beibringen, sexuelle Gedanken und Wünsche seien unsterblich; nein, er sagt uns, wir sollten nicht abtrennen, was sich grundsätzlich nicht abtrennen läßt. Wir sind eine Geschichte. Wir sind eins, wir sind ganz, wir sind Leib, Verstand, Geist. Wir sind eine Wahrheit. Wir sind eine fortlaufende Erzählung.

Reinheit ist immer etwas Ganzheitliches. Unreinheit dagegen ist unvermeidlich Stückwerk. Die Güte hält gegensätzliche Elemente an einem Ort beisammen. Das Böse reißt immer auseinander und bringt sich dadurch selbst ins Abseits. Die Reinheit wirkt immer integrierend; sie bringt Auge, Herz und Körper zusammen. Die Unreinheit wirkt zersplitternd; sie tut so, als sei ich nur Körper oder lebte nur in diesem Augenblick und brauchte nur dieses Eine. Und gelegentlich behauptet sie mit genau derselben Blindheit, ich sei nur Geist.

Jesus sagt: Wenn irgend ein Teil deiner selbst dich daran hindert, dein volles Selbst zu sein, dann mußt du um jeden Preis dieses falsche Selbst abschütteln. Du mußt alles bekennen und dann die Ganzheit anstreben.

„Wir nehmen alles Denken gefangen, so daß es Christus gehorcht" (2 Kor 10,5). Das bedeutet nicht, daß wir alles Denken ändern oder leugnen oder verschleiern oder verdrängen. Es bedeutet, daß wir alles im großen Zusammenhang mit allem anderen sehen. Wir weigern uns, einseitige Verzerrungen und Lügen zu glauben. Wir sind dagegen, sie zu Götzen zu machen oder ihren überzogenen Versprechungen auf den Leim zu gehen.

Stattdessen geht es darum, auf jeden Gedanken zu hören, nach seinen Wurzeln und Quellen zu fragen, seine buntschillernden Motive zu ergründen. Wir freuen uns über das Zeichen der Vitalität, das jeder Gedanke darstellt und über seinen guten Kern, aber wir machen uns auch klar, daß er uns enttäuschen und eine tödliche Kraft in sich bergen kann. In diesem schöpferischen Dialog und dieser schöpferischen Spannung wird menschliche Leidenschaft geboren und entsteht herzliche Zuneigung. Dieser Art ist die wahre und tiefe Sexualität, die Gott in uns erschafft. Ohne diese Spannung bleibt von der Sexualität nicht sehr viel mehr übrig als schnelle Orgasmen und flüchtige Flirts.

Wenn uns bewußt wird, daß unsere anscheinend nur leibliche Begegnung zugleich Verstand, Geist, Vergangenheit und Zukunft mitbetrifft, wenn wir unser körperliches Ich achten, ohne uns von unserem Körper tyrannisieren und völlig beherrschen zu lassen, dann ist unser sexuelles Verhalten lebenspendend und im Einklang mit den Absichten seines Schöpfers. Eine Tat ist dann schlecht oder unmoralisch, wenn sie um einen falschen Mittelpunkt kreist und von unserem übrigen

Leben abgespalten ist. Wenn eine Tat nicht integriert ist, dann desintegriert sie buchstäblich die Person, wie sie Gott gestalten will. Wenn wir die einzelnen Elemente unseres Lebens voneinander trennen, wenn wir unsere Körper zu etwas anderem gebrauchen als zur Kommunikation von Wahrheit, dann schädigen und zersetzen wir uns selbst.

Dieses Thema kann hier nur kurz angedeutet werden, denn das würde eine ganze Abhandlung über Gesetz und Moral ergeben. Hier soll lediglich gesagt werden, daß die traditionelle christliche Sexualmoral zum großen Teil durchaus zutreffend reflektiert, was im allgemeinen gut und was im allgemeinen schlecht ist. Sie hat dieses Gebiet nicht nur deshalb so gründlich erörtert, weil sich moralisierende Kleriker besonders dafür interessiert haben, sondern höchstwahrscheinlich mehr noch aus dem Grund, weil darin die Erfahrung ganzer Kulturen und Jahrhunderte darüber steckt, welches Verhalten Leben geschenkt und welches Verhalten zum Tod geführt hat.

Zugleich ist das „Gesetz" in seiner Fähigkeit äußerst beschränkt, uns in alle Wahrheit einzuführen. Diese Aufgabe erfüllt, wie wir wissen, viel besser der Geist (vgl. Joh 16,13). Viele haben sich genau an das Gesetz gehalten und darüber nie zur Liebe gefunden. Viele haben das Gesetz peinlich genau erfüllt – und wozu war der ganze Aufwand gut? Der äußerst feine Zusammenhang zwischen Geist und Gesetz ist der kritische Punkt in einem Großteil der Lehraussagen Jesu; daher ist dieser Zusammenhang auch das Hauptthema, das Paulus zu so ausführlichen Ermahnungen an die Adresse der Römer und Galater herausfordert.

In der jüdisch-christlichen Tradition verfügen wir über die Weisheit und die Erfahrung, die es uns ermöglichen, eine positive Moral zu entwerfen, eine Moral, die ganz klar den schmalen Pfad zwischen dem rationalistischen Libertinismus der Moderne und dem prüden Wecken von Schuldgefühlen der Vergangenheit weist. Es gibt durchaus eine Möglichkeit, wie das Gesetz dem Geist dienen kann. Aber es ist ausgeschlossen, daß allein irgendwelche Richtlinien genügen, wenn nicht gleichzeitig der Geist Gottes in uns am Werk ist.

Man könnte eine moralisch ernsthafte Sexualität beschreiben als „emotionale Aufrichtigkeit", die sich in wahrhaftigen Beziehungen äußert. Dabei wirken höchste Aufmerksamkeit, Verantwortungsbewußtsein, Kommunikation, Beharrlichkeit und Aufrichtigkeit auf allen Ebenen zusammen, auf denen wir unser Leben und unsere Körper miteinander teilen. Wir können mit unserem Körper Wahrheiten, wir können mit ihm aber auch Lügen übermitteln. Eine sexuelle Beziehung, die abgekoppelt ist von der persönlichen Verantwortung für alle andern Lebensbereiche des Partners, wird zu Recht als ein bloßes „Gebrauchen" des andern bezeichnet.

Sollen menschliche Worte und Absichtserklärungen irgendeinen Wert haben, dann muß das Eheversprechen heilig gehalten werden. Die Unauflöslichkeit dieses Bandes und Versprechens muß immer das Ideal und das Ziel bleiben, das über allem anderen steht: „Die zwei werden ein Fleisch sein. Sie sind also nicht mehr zwei, sondern eins. Was aber Gott verbunden hat, das darf der Mensch nicht trennen" (Mk 10,8–9). Blicke, Gedanken und Wünsche müssen in diesen größeren Rahmen eines wahrhaftigen Lebens integriert werden. Ist das nicht der Fall, so beherrschen sie uns und verderben uns jegliche umsichtige, sensible Beziehung. Wir sind dann ganz in den Fängen der Lust.

> Denn alles, was in der Welt ist, die Begierde des Fleisches, die Begierde der Augen und das Prahlen mit dem Besitz, ist nicht vom Vater, sondern von der Welt. Die Welt und ihre Begierde vergeht; wer aber den Willen Gottes tut, bleibt in Ewigkeit. (1 Joh 2,16–17)

Wie immer, erweist auch hier das Wort Gottes seine Kraft dadurch, daß es alle Götzen zerschmettert. Zunächst einmal sagt es uns, daß wir in unserer Gestalt als Männer und Frauen als Abbilder Gottes erschaffen sind, und daß uns dieses Segensgeschenk befähigt, fruchtbar zu sein und die Erde zu bevölkern (Gen 1,27–28). Unser sexuell verfaßtes Menschsein wird ausdrücklich gutgeheißen und schenkt uns Anteil an der Schöpferkraft Gottes selbst.

Aber unsere Sexualität bleibt nur dann ein kostbares Geschenk, wenn wir erkennen, daß in ihr die Neigung steckt, einander zu beherrschen und zu versklaven. Die Begierde hat ein aufgeblähtes Ich, das alles in den Griff bekommen und sich selbst in jenen Mittelpunkt stellen will, der in Wirklichkeit Gott vorbehalten bleiben muß. Die „Welt" (im Sprachgebrauch des Johannes) und das „Fleisch" (im Sinn des Paulus) sind nicht an sich schlecht, sondern nur in dem Maß, in dem sie blind sind und die Herrschaft an sich reißen.

Die biblische Sexualmoral bleibt ganz bezogen auf die größere Wirklichkeit, die Jesus als „das Reich Gottes" bezeichnet. Erst wenn man sein Leben daraufhin ausrichtet und diese neue und volle Wirklichkeit sucht, wird die Sexualmoral mehr als ein angstbesetztes Konglomerat aus sozialen Tabus, für dessen Aufrechterhaltung man dann auch noch Gott bemüht.

Die Tugend der sexuellen Reinheit ist eine der Früchte eines reifen Lebens aus dem Geist. Die Unreinheit läßt sich nicht mittels Gewalt oder Gesetzen aus unseren Köpfen und Herzen vertreiben. Doch in dem Maß, in dem wir ganzheitlicher werden, wird sie von allein unbedeutender und unerheblich. In dem Maß, in dem wir lernen, auf was es wirklich ankommt, was bleibt und was wirklich ist, streifen wir sie wie einen unansehnlichen Kokon von uns ab. Die Unreinheit erweist sich schließlich offenkundig als die Illusion, die sie tatsächlich ist.

Mein Wunsch und meine feste Absicht mit diesen Überlegungen war es, ein gesundes und heiliges Zwiegespräch in Ihrem eigenen Herzen und vielleicht auch zwischen solchen, die einander gern lieben möchten, anzuregen. Ich hoffe, daß Sie bei einem solchen Austausch eine Ahnung von Gottes Heiligem Geist bekommen, der uns alle mit Leben erfüllt und uns die feste Zuversicht schenkt, daß wir in unserem Fleisch Gott schauen werden (vgl. Ijob 19,26).

Ehe und Zölibat

„Ich habe geheiratet und kann deshalb nicht kommen" (Lk 14,20). Das ist offensichtlich der merkwürdigste von allen Anworten auf die Einladung Christi zum Festmahl. Wie sollte denn die eheliche Liebe in Konflikt stehen mit „der Liebe, die Sonne und Mond und alle andern Sterne bewegt"?

Doch liegt hinter diesen Worten eindeutig die Auffassung Jesu, daß im Konfliktfall der Ruf ins Reich Gottes absoluten Vorrang habe. Ehe man die treue eheliche Liebe in den Mittelpunkt stellen kann, muß der oder die Betreffende sie erst einmal an die Seite rücken und an ihre Stelle die Liebe Gottes setzen. Wer sich auf die Lebensreise macht und immer tiefer Gott und die Welt begreift, der findet auch für seine Liebe die richtige Ordnung. Erst durch diese Ordnung erhält die eheliche Liebe ihren Rückhalt, ihre Nahrung und ihren Schutz.

Wenn Jesus die Liebe zum Reich Gottes höher stellt als die eheliche Liebe, dann setzt er sich damit deutlich von den Wertordnungen dieser Welt ab. Ja, er geht noch weiter, er er empfiehlt etwas Undenkbares und lebt es selbst vor: „Manche haben sich selbst zur Ehe unfähig gemacht – um des Himmelreiches willen. Wer das erfassen kann, der erfasse es" (Mt 19,12). Wir sehen, daß später Paulus offensichtlich aus dieser gleichen Berufung heraus gelebt und sie genau so verstanden hat (1 Kor 7,7.25). Die Ehelosigkeit, die er andern empfiehlt, hat er auch selbst verwirklicht: Er „hat sich fest dazu entschlossen, ohne jeden Zwang und in völliger Freiheit der Wahl" (vgl. 1 Kor 7,37 *). Es ist die Liebe zwischen Gott Vater und Sohn, die für solche Menschen einen ganz neuen, freien, offenen Raum der Liebe schafft.

Das Werden von etwas völlig Neuem, eine creatio ex nihilo (Erschaffung aus dem Nichts), ist immer ein si-

* Übersetzt nach der englischen Textfassung Rohrs, in der die Stelle völlig uminterpretiert und daher für Rohr verwendbar ist. In der deutschen Einheitsübersetzung lautet der selbe Text, die Ehelosigkeit wähle, „wer in seinem Herzen fest bleibt, weil er sich in der Gewalt hat und seinem Trieb nicht ausgeliefert ist." Bekanntlich vermochte Paulus die Ehe nur sehr einseitig unter dem Aspekt der Triebbefriedigung zu sehen – oder dann andererseits theologisch verklärt (vgl. 1 Kor 11; Eph 5 u.a.) d.Ü.

cheres Zeichen dafür, daß man Gottes Geist vernommen hat. Frei gewählter Zölibat, für die Welt unvorstellbar, ist deshalb ein äußerst radikales Zeichen für das Reich Gottes. Wenn nun aber der Zölibat selbst im Schoß der Kirche sehr umstritten geworden ist, dann vermutlich deshalb, weil die Kirche ihren Sinn für Intimität und familiäre Beziehungen zueinander verloren hat, denn diese nähren das Charisma des echten Zölibats.

Wir können beobachten: Bei manchen unserer gesündesten und wachsten Gemeindemitglieder stellt sich dieses Geschenk ganz natürlich ein, unabhängig von irgendeiner Vorstellung über Seelsorge, Einsatz oder „Opfer- und Sühneleben". Diese Berufung stellt sich so ein, daß der/die Betreffende auf einmal im Raum des persönlichen Gebets und der Glaubensgemeinschaft wahrnimmt: „Das ist die für mich richtige Lebensform". Diese Wahrnehmung von Berufung und Ganzheit läßt sich, wie alle prophetischen Taten, nur äußerst schwierig anderen erklären oder ihnen gegenüber rechtfertigen. Oft begreift sie ja der Mensch, der sich zu ihr entschlossen hat, selbst nicht. Es ist etwas absolut Neues und bringt zum Ausdruck: Gott allein genügt. Zugleich ist es etwas absolut Einsames und besagt: Die Welt läßt uns im Tiefsten einsam und sie vergeht.

Der Zölibat ist die Kommunion mit dem immer neuen Gott und das Mitleid für die alte, müde gewordene Welt. Dort, wo sich Gemeinschaften entwickeln, die für die gesamte Tradition offen sind, blüht auch unweigerlich das Charisma des Zölibats in neuer Frische und Kreativität auf.

Die allgemein akzeptierte Form familiärer Beziehungen und sexueller Rollenzuweisungen in der amerikanischen Kultur sind nicht gerade dazu angetan, uns zur Entdeckung der Freiheit zu ermutigen, wie sie uns das Evangelium anbietet. Es scheint, wir müssen erst einmal Gemeinschaften gründen, in denen man von uns wirkliches persönliches Wachstum erwartet oder sogar verlangt. Erst dann werden wir imstande sein, konstruktivere Formen menschlichen Miteinanders zu finden.

Unser Zeitalter hat die Neigung, viel stärker mit seinem Schatten in Berührung zu sein als mit sich selbst. Wenn wir dem Zeugnis eines großen, wenn nicht des größten Teils aller modernen Dramen, literarischen Werke und Filme glauben wollen, sind wir tatsächlich geradezu besessen von unserem Schatten. Die moderne Menschheit ist sich derart massiv ihrer Finsternis bewußt (wobei sie sich zugleich weigert, diese als Finsternis zu bezeichnen!), daß sie anscheinend bezweifelt, es könne überhaupt jenseits dieses Schattens noch irgend etwas anderes geben. So liegt die Menschheit weithin in den Fesseln ihres Schattens und bleibt in diese eine Hälfte ihrer Seele eingesperrt. In der kirchlichen Tradition würde man das als „Erbsünde" bezeichnen.

Es wundert nicht, daß die Tradition zugleich sagt, das einzig wirksame Gegenmittel gegen die Erbsünde sei die Taufe, also der Ritus der Initiation in die christliche Gemeinde. Die Taufe ist bei uns immer noch üblich. Aber wo hinein stellen wir die Menschen damit praktisch?

Wir verfügen kaum über intakte christliche Gemeinden, die uns auf unserem Weg begleiten und uns helfen können, zwischen Finsternis und Licht zu unterscheiden, zwischen unserem Schatten und unserem wahren Ich in Christus. Wir brauchen Beziehungen, die dauerhaft und wahrhaftig sind, damit wir „mit enthülltem

Angesicht die Herrlichkeit des Herrn widerspiegeln" können. Die christliche Gemeinde ist das Umfeld, in dem wir „so in sein eigenes Bild verwandelt werden, von Herrlichkeit zu Herrlichkeit, durch den Geist des Herrn" (vgl. 2 Kor 3,18).

Wir kennen uns selbst nur wie im Spiegel, nur über unsere Beziehung zu anderen. Das Leben, das Gott uns schenkt, ist immer durch andere vermittelt. Wir warten in der Finsternis, sind uns unserer selbst gar nicht bewußt, leben mit lauter Illusionen und Schatten, „bis wir Gesichter kriegen", wie C.S.Lewis sagt. Wir sind voller Angst vor unserem unbekannten Ich, und diese Angst geht einher mit der Angst vor unserer Sexualität, und zwar so stark, daß die Menschen weithin unfähig sind, anderen Menschen zu trauen und sich ihnen anzuvertrauen.

Unsere Sexualität ist unser symbolisches Ich. Damit darf man nicht leichtfertig umgehen – man muß es sich zu Bewußtsein bringen. Es muß einen sicheren und zuverlässigen Ort geben, wo es ans Licht treten darf. Gibt es diesen Ort nicht, so bleibt unser symbolisches Ich in der Welt der Schuld, der Unterdrückung und des Unbewußten. Von dort her steuert es uns dann indirekt, aber unvermeidlich.

Eines der hoffnungsvollsten Zeichen in kirchlichen Gemeinschaften, denen es gelungen ist, ein gesundes Familienbewußtsein zu schaffen, besteht darin, daß dort diese Dinge einen Raum des Vertrauens vorfinden, in dem sie offen ausgetragen werden können. Da ist es ganz in Ordnung, Zuneigung zu äußern, und das heißt dort nicht gleich, daß das zu einer sexuellen, d.h. genitalen Beziehung führen muß. Hier werden Emotionen zugelassen; man braucht vor ihnen keine Angst zu haben oder sich ihrer zu schämen. Natürlich, Sie werden sich verlieben! Das ist der Sinn des Lebens, und ich hoffe, es passiert Ihnen immer und immer wieder.

In einer geistlichen Gemeinschaft kann das auf schöpferische Weise passieren, „im Geist und in der Wahrheit", und sicher nicht mit weniger Schmerz. Ich bin der festen Überzeugung, wenn es heute so viel verirrte sexuelle Süchte gibt, liegt das nicht daran, daß die Leute zu viel Sehnsucht oder zu große Leidenschaft verspüren, sondern im Gegenteil: daß sie zu wenig davon haben. Wir müssen einen Ort finden, an dem wir das volle Spektrum und die ganze Größe unseres menschlichen Gefühlslebens erfahren können, den Todeskampf und die Ekstase. Deshalb müssen wir es fertigbringen, unsere Sexualität auf gesunde Weise zu gestalten.

Für Jesus ist das Reich Gottes die Möglichkeit zu allumfassendem Erbarmen: in ihm geht es um Gemeinschaft und nicht nur um eine liebevolle Zweisamkeit. Die Ehe ist eine Schule, ein Sakrament und eine Verheißung des kommenden Reiches Gottes, aber sie ist nicht in sich der Endzustand. Jesus entthront daher die eheliche Liebe, um ihr den ihr angemessenen Platz zuzuweisen. Die spezifische Liebe verweist auf das Gesamte, aber nur „die Liebe, die Sonne und Mond und alle andern Sterne bewegt", kann letzten Endes die spezifische Liebe zwischen Mann und Frau schützen, erhalten und ermöglichen.

Es scheint, Jesus gehe es darum, den Kreis der Familie auszuweiten, damit er das gesamte Leben umfaßt, das Gott uns anbietet. Er weiß, wie lähmend, ja tödlich familiäre Bindungen sein können, wenn sie sich von der größeren Wahrheit und der umfassenderen Liebe abgetrennt haben. In eine Familie eingebunden zu sein, kann leben- oder auch todbringend sein. Auch in die

Kirche eingebunden zu sein, kann leben- oder todbringend sein. Die Kirche verfügt genau wie die Blutsverwandtschaft über die größte Macht, Menschen zu verwunden, und zugleich über die größte Macht, Menschen zu heilen.

Das Evangelium glaubt an die Familie, aber es bindet sich überhaupt nicht an die Blutsbande, um allein diese als „Familie" zu bezeichnen: „Wer Vater oder Mutter mehr liebt als mich, ist meiner nicht würdig, und wer Sohn oder Tochter mehr liebt als mich, ist meiner nicht würdig" (Mt 10,37). Das gutbürgerliche amerikanische Christentum würde es nie wagen, solche Worte von sich aus zu formulieren. Wenn wir sie vorlesen, dann sprechen wir sie mit stockender Stimme, denn die Radikalität, mit der Jesus die Dinge sieht, ist für uns nicht wirklich nachvollziehbar.

Paulus entfaltet die Lehre Jesu im Rahmen seiner Gemeinden. Er ist der Überzeugung, daß es äußerst wichtig ist, in der ehelichen Partnerschaft seinen Glauben und sein Leben miteinander zu teilen: „Entzieht euch einander nicht, außer im gegenseitigen Einverständnis und nur eine Zeitlang, um für das Gebet frei zu sein" (1 Kor 7,5). Bei uns heute, die wir die sexuelle Beziehung als Wert in sich betrachten und betonen, wäre es kaum vorstellbar, daß ein Gemeindepfarrer den Mut aufbrächte, über diesen Text zu predigen, ohne sich naiv oder altmodisch vorzukommen. Auch die Gläubigen sind sich nicht mehr einig darüber, daß das Reich Gottes absoluten Vorrang hat. Es wäre für die meisten unvorstellbar, daß das Gebet Menschen vielleicht enger miteinander verbinden könnte als der sexuelle Verkehr.

Wenn die Kirche so selten als lebendige Gemeinschaft Wirklichkeit geworden ist, dann gibt es dafür vermutlich viele Gründe: den Individualismus, das Autoritätsgehabe, den Klerikalismus, die Angst und eine überdreht intellektuelle Auslegung des Evangeliums. Einen weiteren Grund aber möchte ich hier etwas ausführlicher erörtern: Es handelt sich um eine bestimmte Form der Apathie („a pathos" heißt: „ohne Gefühl"), um die Angst vor der Leidenschaft, die unseren inkarnatorischen Glauben ständig und paradoxerweise davon abgehalten hat, sich auf Beziehungen einzulassen, auf Sexualität, Gefühle, Leibhaftigkeit, und ganz allgemein auf die Macht der Liebe.

Es würde mir kaum gelingen, in den zweitausend Jahren der Geschichte, seitdem das Wort Fleisch geworden ist, ein einziges Jahrhundert zu finden, in dem die Kirche sich insgesamt positiv über die Sexualität dieser unserer zutiefst fleischlichen Schöpfung geäußert hätte. Wir sind davor davongelaufen, haben sie geleugnet, kaschiert, sublimiert, abgetötet, sakramentalisiert (Gottseidank!) – aber nur in einigen wenigen seltenen und lichten Momenten haben wir uns ihr wirklich gestellt, sie integriert und ihr erlaubt, uns bis zu Gott zu erheben. Wir haben Angst vor dem Wort, das Fleisch geworden ist, wir haben vor dem Himmel sehr viel mehr Angst als vor der Hölle. Wir leben in ständiger Furcht vor der Leidenschaft Gottes mit ihrem Ungestüm und ihrer Unberechenbarkeit.

Ich glaube, mehr aus diesem Grund als aus allen anderen Gründen hat die Kirche in der Geschichte es immer vermieden, sich als Familie und als Gemeinschaft zu sehen. Hätte sie sich so gesehen, so hätte das notwendigerweise tiefe Beziehungen erfordert. Es hätte intensive Gefühle ins Spiel gebracht, vor allem Liebe und

Wut und unerträgliche Leidenschaft. Es hätte dazu der Kommunion und Kommunikation bedurft, statt bloßer Gesetze und Dogmen. Es hätte notwendigerweise einen christlichen Lebensstil vorausgesetzt, statt lediglich gut funktionierende und unpersönliche religiöse Service-Stationen. Es würde ein echtes Ringen mit dem Engel Jahwes erfordern, statt bloß über ihn zu lesen, kluge Beweise aus der Bibel abzuleiten und ihn dazu zu benützen, alle möglichen Widersprüche unserer Kultur zu legitimieren.

Oder, rundheraus gesagt, dazu wäre es notwendig, sich richtiggehend zu verlieben und ein wenig von seiner allzu ängstlich gehüteten Selbstkontrolle zu verlieren. Das würde uns auf die angestrengte Suche nach wirklichem Verstehen führen, wenn wir schon Gewißheit suchen.

Vielleicht könnte man das auch alles als Krise der Freundschaft deuten. Ist es überhaupt möglich, das Mitleid und die Sorge umeinander in eine Gesellschaftsordnung einzubauen? Können wir das allen Ernstes erwarten und einbringen, oder bleibt das immer eine zusätzliche Gabe, eine Überraschung, ein Stück Rätsel in einer Welt, in der der Konflikt in den Strukturen selbst steckt?

Die meisten menschlichen Beziehungen sind entweder auf Nützlichkeit oder auf Wettbewerb hin angelegt. Damit haben wir uns so selbstverständlich abgefunden, daß jede selbstlose tiefe Freundschaft zwischen zwei Männern oder zwei Frauen spontan den Verdacht auf sich zieht, homosexueller Natur zu sein. Wir alle sind von diesem Klima der Angst und des Mißtrauens gegen uns selbst und andere angeschlagen. Die übliche Lösung dieses Problems besteht darin, sich überall herauszuhalten, denn es gibt ja nichts, das durch alle Höhen und Tiefen von Finsternis und Licht zu uns hält.

Die natürliche Familie hat sich als unfähig erwiesen, diese Krise zu meistern. Die spirituelle Familie der Kirche hat die richtige Theorie, aber ihr fehlt die Praxis, die Erfahrung und der angemessene Lebensstil. Wir müßten ganz einfach Orte des Miteinander-Teilens gründen, wo wir das Wort Gottes gemeinsam auf uns wirken lassen können, wo Herzen und Brot gebrochen und in der Runde geteilt werden können.

John Henry Newman hat gesagt: „Der Kirche geht ungeheuer viel Heiligkeit verloren, weil Brüder sich weigern, die Geheimnisse ihrer Herzen miteinander zu teilen." Dieser geniale Intellektuelle formulierte als Kardinal für sich den Wahlspruch „Cor ad cor loquitur – Das Herz spricht zum Herzen".

Wenn die Kirche erneuert werden soll, wenn sich irgendwo echte Familie ereignen soll, dann müssen wir es wieder möglich machen, daß ein Herz zum andern Herzen sprechen kann. Alles andere erweist sich nach einiger Zeit immer wieder als doktrinär und ideologisch; wo aber ein Herz zum andern spricht, wo es kleine Orte des Teilens der Wahrheit gibt, da gibt es die reelle Chance, daß „zwei oder drei in Seinem Namen versammelt sind". Solche Orte werden zu Stätten der Fleischwerdung, an denen Christus neu geboren wird.

VIERTES KAPITEL

Gemeinschaft

Gottes Strategie für die widerspenstige Kirche

Familiengemeinschaft schaffen

Wer wirklich an der Bibel orientiert sein und die Autorität der Bibel ernst nehmen will, muß das in die Praxis umsetzen, was die Menschen in der Bibel praktiziert haben, und zwar auf die gleiche Weise, wie sie es damals getan haben. An der Bibel orientiert sein heißt nicht, biblische Quellen zu zitieren oder irgendwelchen tiefen und verborgenen Sinn der biblischen Texte zu entschlüsseln. Die Autorität der Worte, selbst der inspirierten, muß immer von der *faktischen* Tatsache beglaubigt sein, daß das Gesagte schon einmal mit Erfolg praktiziert wurde, daß Menschen tatsächlich dank dieser Worte erlöst wurden und daß diese Anleitungen schon einmal lebendige Gemeinschaften inspiriert haben. Mit anderen Worten: Die Bibel muß schon einmal irgendwo, irgendwann, und bei irgendjemand praktisch ihre Fruchtbarkeit erwiesen haben: wenn nicht, formuliert sie bloß abstrakte Ideale. Ich habe den Eindruck, recht viele Leute, die sich das Mäntelchen der Religion umhängen, bedienen sich im Grunde einer Ideologie und Abstraktion, um sich dadurch vor echtem Einsatz und wirklicher Bekehrung zu drücken.

Anfang und Grundlage der jüdischen und christlichen Theologie ist eine Heilsgeschichte. Es waren historische Ereignisse, die den Worten ihre Autorität geschenkt und es ermöglicht haben, daß sie inspiriert aufgeschrieben wurden. Moses hat nicht endlose Lehrpredigten über den Glauben des Abraham gehalten, sondern er hat Menschen aus der Sklaverei herausgeführt, durch eine Wüste in ein völlig neues Land. Er schuf ein neues Volk, das in der Lage war, fortan auf Gott zu hören.

Die Propheten predigten nicht regelmäßig jede Woche über Mose und gaben zeitgemäße Verhaltensanleitungen nach Leviticus; nein, sie lasen die Zeichen der Zeit, waren Zeugen der Taten Gottes, setzten Könige ab und erschütterten ganze Völker. Die Propheten läuterten das Volk, das Mose geschaffen hatte, als es so schlaff und müde geworden war, daß es nicht mehr die Mühe aufbringen wollte, Gottes Volk zu sein.

Auch Jesus bezog seine Autorität nicht aus Worten oder Traditionen; er lehrte mit einer lebendigen persönlichen Autorität, „nicht wie die Schriftgelehrten" (Mk 1,22). Mit seinen Aposteln und Jüngern zusammen schuf er ein neues Volk, eine geistliche Familie. Er tat das ganz einfach, aber mit ungeheurer Tiefenwirkung, indem er dieser Familie von ihrem Vater im Himmel und seiner unbegreiflichen Liebe erzählte.

Die geradezu angsterregende Wirkung war, daß er völlig neue Liebesbeziehungen stiftete und jenes Beziehungsnetz höher als alle familiären Bindungen stellte, das wir dann später „Kirche" nannten. „Wer ist meine Mutter, und wer sind meine Brüder? Und er blickte auf die Menschen, die im Kreis um ihn herumsaßen, und sagte: Das hier sind meine Mutter und meine Brüder. Wer den Willen Gottes erfüllt, der ist für mich Bruder und Schwester und Mutter" (Mk 3,33–35).

Ich glaube nicht, daß wir auch nur damit angefangen

haben, die Tiefen des radikalen Ansatzes Jesu auszuloten. Nur die Leute, die als erste dem Aufruf Johannes des Täufers gefolgt waren, alle Täler aufzufüllen und alle Berge einzuebnen (Lk 3,5), waren im Grunde genommen für ihn gerüstet. Wir anderen drücken uns alle ständig davor, wirklich Gottes neue Familie zu gestalten. Wir machen aus der Lehre Jesu etwas Privat-Spiritualistisches, ein Gesetzeswerk, ein System biblischer Lehrsätze und Auslegungen oder eine rationalistische Theorie.

In Wirklichkeit aber erschafft Gott im Umkreis jedes Menschen, den er für sich erwählt, ein Netzwerk intensiver Beziehungen. Im Raum dieser Beziehungen, in dem Treue und Belastung erfahren und gelebt werden, kann auch Gott wirklich erfahren werden. Außerhalb dieses Raumes werden Gott und seine frohe Botschaft unablässig für irgendwelche Zwecke gebraucht, mißbraucht und verzerrt. Gott bleibt dort bloßes Wort, und wird nicht fleischgewordenes Wort. Man redet pausenlos über ihn, statt ihn zu lieben. Man beweist ihn, statt gemeinsam aus seiner Liebe zu leben. Der Glaube bleibt religiöses Brauchtum, statt das Leben zu verändern und zu prägen.

Gott sagt uns, daß er das menschliche Leben sehr ernst nimmt. Was wir tun müssen, um wirklich voll und ganz in diese Welt zu kommen, um uns als Sohn, Tochter, Bruder, Schwester, Mutter oder Vater zu entdecken, ist nicht einfach nur ein zeitraubendes Vorspiel. In Wirklichkeit ist es schon das Ganze. Die Vollendung ist am Anfang schon angelegt.

Das kommt in unserer Taufe zum Ausdruck. Sie ist der Akt unserer Aufnahme in die neue Familie Gottes, in dem unser ganzes Leben auf einmal im Symbol vorweggenommen und gefeiert wird. Wir brauchen unser ganzes weiteres Leben dazu, um das zu verstehen und es uns unter vielen Schmerzen anzueignen. Die Wirklichkeit geht dem Wort voraus und schenkt diesem seine Autorität. Die Wirklichkeit muß zuerst einmal gelebt werden; erst dann kann man darüber reden. Als Christ leben heißt, das zu werden, was wir bereits sind.

Grund und Vorbild aller Wirklichkeit ist die Dreifaltigkeit: Gott ist Gemeinschaft, ist wesenhaft Beziehung. Die Kirche ist die Gemeinschaft der Heiligen. So steht am Anfang und am Ende die familiäre Gemeinschaft. Nur im Rahmen dieser lebendigen Wirklichkeit lassen sich die Bibel und die Sakramente angemessen auslegen und verstehen.

Die Erfahrung der natürlichen und der geistlichen Familie macht es möglich, das Wort lehrend weiterzugeben, so daß es seine Kraft entfaltet und dauerhaft genug wird, um mit Autorität aufgeschrieben werden zu können. In jedem anderen Kontext wird es zur bloßen denkerischen Spielerei: „Auch ihr, meine Brüder, seid durch das Sterben Christi tot für das Gesetz, so daß ihr einem anderen gehört, dem, der von den Toten auferweckt wurde... Jetzt aber sind wir frei geworden von dem Gesetz, an das wir gebunden waren, wir sind tot für das Gesetz und dienen in der neuen Wirklichkeit des Geistes, nicht mehr in der alten des Buchstabens" (Röm 7,4.6).

Ich sage dies nicht, um die Bibel abzuwerten. Sie ist für mich Geist und Leben. Aber wir müssen eine feste Grundlage finden, auf der die Bibel, die sonst in dem Klima alles zersetzender Kritik unserer Welt völlig untergeht, ihre Autorität entfalten kann. In den letzten individualistischen Jahrhunderten haben wir uns die Wirkung der Bibel in etwa so vorgestellt:

Autoritatives Wort Gottes oder Sakramente	→	Erlösung	→	gute Menschen und gute Familien

Ich glaube aber, im biblischen Sinne verhält es sich eher und viel wirksamer so:

Erfahrung der Treue Gottes ↑	→	geistliche Familie	→	Autoritatives Wort Gottes und Sakramente

Gottes Ansatzpunkt für seine Selbstmitteilung ist nicht der „gerettete" Einzelne oder der gut informierte Gläubige, erst recht nicht der Karrieremensch in einer kirchlichen Laufbahn. Gott erscheint vielmehr, indem er Menschen auf den Weg schickt und sie Bindungen eingehen läßt in Familien, Stämmen, Nationen, Völkern und Kirchen, die versuchen, sich im Sinn seiner Liebe einzusetzen.

Gott setzt taktisch beim Leib Christi, bei der spirituellen Familie an. Sie ist Medium und Botschaft in einem. Sie ist Anfang und Ziel dessen, was er mit uns vorhat: „Alle sollen eins sein ..., damit die Welt glaubt, daß du mich gesandt hast ... Sie sollen eins sein, wie wir eins sind, ich in ihnen und du in mir." (Joh 17,21–22).

Es gibt keine andere Form christlichen Lebens außer dem gemeinsamen Leben. Dazu bedarf es vermutlich sogar einer eigenen Kultur, wenn man unter Kultur etwas versteht, was man miteinander teilt und an die kommende Generation weitergibt. Von daher frage ich mich, ob Christentum überhaupt anders möglich ist als in der Form eines „Kulturchristentums".

Solange Christus nicht ein Ereignis zwischen Menschen ist, bleibt das Evangelium weitgehend bloße Theorie. Solange er nicht persönlich durch Treue und Verzeihen und einigende Bande vermittelt wird, bezweifle ich, daß er überhaupt vermittelt wird.

Wir zahlen jetzt den Preis für Jahrhunderte, in denen wir die Kirche nicht mehr visionär als das Volk Gottes betrachtet, sondern sie eingeengt haben auf eine Heilseinrichtung für Privatpersonen und deren religiöse Bedürfnisse. Die Geschichte aber hat gezeigt, daß Individuen, die in ihrem Individualismus bestätigt werden, schon durch die Art, wie wir dabei das Evangelium verkürzen, nie dahin kommen, eine lebendige Kirche zu schaffen. Sie betrachten sie nur als eine Service-Einrichtung und nehmen sie als eine unter vielen Dienstleistungseinrichtungen in Anspruch.

Natürlich – wir müssen uns um jeden einzelnen Menschen persönlich kümmern. Aber ich werde den Eindruck nicht los, daß diese vielen verkirchlichten Individuen nicht einmal genau wissen, um was es in einem Leben nach dem Evangelium überhaupt geht. Das Ergebnis ist, daß wir den größten Teil unseres Personals und unserer Einrichtungen dafür einsetzen, einigermaßen gute Antworten auf völlig unangemessene Fragen, die überhaupt nichts mit dem Gemeinschaftsleben zu tun haben, zu geben. Wir sind mit der Errettung einzelner Seelen beschäftigt, während Gott sich ein Volk erschaffen möchte.

Allein schon die Art unseres Lebensstils und unserer kirchlichen Verkündigung müßten von Anfang an deutlich machen, um was es eigentlich geht: um die Gemeinschaft der Heiligen, um ein gemeinsames Leben als lebendige Familie, um das dreifaltige Leben Gottes, um das Reich Gottes. In diesem Rahmen sollten wir uns dann um die einzelnen Menschen in der Kirche kümmern und ihnen auf ihrem Weg zu diesem Ziel beistehen.

Ich bin der festen Überzeugung, daß das Neue Testament aus diesem Kontext heraus verfaßt worden ist und die Fragen, die sich aus einer solchen Lebebsform ergeben, beantworten will. Wenn wir aber nicht diese, sondern ganz andere Fragen stellen – so wage ich zu sagen –, wird uns die Bibel mehr schaden als nützen. Sie wird dann zu einem Machtinstrument in den Händen derjenigen, die mit soviel Macht gar nicht umzugehen wissen. Das zeigt doch die traurige Geschichte der westlichen Christenheit!

Der Prophet Haggai tadelt die Juden scharf dafür, daß nach der Rückkehr aus dem Exil jeder einzelne für sich schleunigst die Mauern seines eigenen Hauses wieder hochzieht, während die Mauern des gemeinsamen Tempels in Trümmern liegenbleiben (Hag 1,4.9). Sein prophetischer Tadel gilt damals wie heute. Wir meinen immer noch, wir könnten alle Ansprüche einer Welt erfüllen, in der die persönliche Karriere und die individuelle Wunscherfüllung die Grundsteine der Gesellschaft bilden. Und wir glauben, wir könnten auf diesen Grundsteinen dann auch noch die Kirche bauen. Gott aber will, daß wir uns „als lebendige Steine zu einem geistigen Haus aufbauen" lassen (1 Petr 2,5).

Für Jesus sind Anweisungen zur Vergebung, zum Heilen und zur Gerechtigkeit nicht einfach Prüfungspunkte in einem Kurs für individuelle Spiritualität. Sie sind vielmehr in Wirklichkeit die unerläßliche Bedingung für ein intensiv gemeinsam gestaltetes Leben. Das Friedenstiften und Versöhnen sind nicht eine Art persönlicher Eintrittskarten für den Himmel. Solches Tun ist der Preis, den es zu entrichten gilt, um zum Volk Gottes zu gehören. Diese Handlungen spiegeln das, was im Herzen Gottes vorgeht, sie machen deutlich, woran Gott uns im Heiligen Geist Anteil schenkt: am Einssein in Jesus, der alle Menschen mit sich versöhnt.

Ein dreifaltiger Gott ist ein Gott, der in Beziehungen steht. Er erkennt und wird erkannt. Er liebt und wird geliebt. Er glaubt und man glaubt an ihn. Wer er ist, erfahren wir, wenn wir uns auf das gleiche dialogische Geben und und Nehmen einlassen.

Wir kommen in diese Welt dank einer Beziehung, die sich „Familie" nennt. Wir kommen in das Reich Gottes dank eines Beziehungsgeflechts, das wir „Kirche" oder „spirituelle Familie" nennen. Die gleichen Regeln für die Erzeugung, für das Teilen und die Zerstörung von Leben gelten sowohl in der natürlichen (biologischen) wie in der spirituellen (kirchlichen) Familie, und folglich gelten sie auch für unsere Beziehung zu Gott. Das macht vieles einfach und klar: Die Bereiche unseres Lebens, die wir mit niemandem teilen können, sind auch die Bereiche, in denen uns Gott nicht anrühren kann. Die Bereiche, die wir vor Gott verschlossen halten, können wir nie mit anderen zum allgemeinen Wohl teilen.

Die natürliche und die spirituelle Familie scheinen einander gegenseitig zu brauchen, um ihr Bild, ihren Schwerpunkt und ihre Richtung immer wieder zurechtzurücken. Die natürliche Familie ohne die spirituelle Familie gerät in eine Isolation, in ein Inseldasein; sie schmort im eigenen Saft und entbehrt jeglicher Vision. Die spirituelle Familie (die Kirche) ohne die natürliche Familie ist kalt, ideologisch, unpersönlich, zweckorientiert und wird unfähig, ihre eigentliche Aufgabe zu erfüllen. Jegliche tiefgreifende Erneuerung stellt letztlich eine Rückbesinnung auf die Familie dar.

Meiner Erfahrung nach findet ein kraftvolles spirituelles Wachstum gewöhnlich im Rahmen einer Heilung, Wiederherstellung und Neuschaffung der ursprünglichen familiären Beziehungen statt. Sowohl von Elija wie von Johannes dem Täufer heißt es, sie seien gesandt worden, „um das Herz der Väter wieder den Kindern zuzuwenden" (Mal 3,24; Lk 1,17). Ohne ihre Vorarbeit kann Jesus sein Werk nicht durchführen.

Was die natürliche Familie intuitiv wissen sollte, lehrt die spirituelle Familie, wenn sie dank der Gnade Gottes die Dynamik von Sünde, Bekehrung und Erlösung freilegt. Die spirituelle Familie macht es uns möglich, die natürliche Familie und ihr Beziehungsgeflecht zu reformieren, zu erneuern und mit neuem Leben zu erfüllen. Die ganz praktischen und weltlichen Bedürfnisse der natürlichen Familie sollten dabei die Kirche davor bewahren, mit ihrer Theologie in irgendwelchen Wolkenkuckucksheimen zu schweben. Diese Bedürfnisse sollten unsere Sorge darauf gerichtet halten, eine ganz greifbare Erlösung zu erfahren, die uns in unserer Würde wiederherstellt, und bei der es um Gerechtigkeit, Frieden, einen angemessenen Lebensstil, Einheit und Heilung geht – also um jene Dinge, die Jesus während seines öffentlichen Wirkens am Herzen lagen.

Heutzutage sind wir mit einer Religion ausgestattet, die selbst nicht recht weiß, ob sie eigentlich zur kirchlichen Gemeinschaft werden möchte. Die Erwartungen ihrer Anhänger sind äußerst starr. Es handelt sich um eine bequeme und sehr materialistische Religion. Als Maßstab für die Treue ihrer Mitglieder gilt ihr, ob diese alle Glaubenssätze bejahen, sie scheut sich jedoch sehr davor, Fragen nach Lebensstil oder mündigem Gewissen zum Maßstab zu machen.

Während die gesamte herkömmliche Familienstruktur um uns herum in heller Auflösung begriffen ist, erteilen wir immer noch einige gut gemeinte Ratschläge zu Ehe und Familienleben. Könnte es nicht sein, daß unsere Berufung nicht darin besteht, kluge Lehren über die Familie zu verbreiten, *sondern selbst zu einer Familie zu werden* und ihren Erfordernissen zu entsprechen? Wenn es die Welt verlernt hat, um Einheit zu ringen und Verpflichtungen auch um den Preis vieler Mühen einzuhalten – ist dann nicht vielleicht die Kirche daran schuld, weil sie, die doch das Zeichen der Erlösung sein sollte, den schmalen Weg in diese Richtung nicht vorausgegangen ist? In einer Welt der Dienstleistungsbetriebe sind wir zu einer Dienstleistungskirche verkommen. Wir haben das Evangelium zu einer Ware heruntergewirtschaftet, die wir kaufen und anderen wieder verkaufen, zu einem Besitz, den wir uns gönnen, um Macht zu erlangen oder uns wohlzufühlen. Gott tun wir das an, was wir in aller Bequemlichkeit auch einander antun – wir gebrauchen ihn für unsere eigenen Zwecke!

Die Familie aber läßt sich auf Dauer nicht immer bloß gebrauchen. Sie muß erschaffen und gestaltet werden, man muß sich ihrer freuen können, und sie kann verlorengehen. Die Familie ist die letzte Bastion einer Lebenshaltung, die nicht bloß alles zum eigenen Vorteil ausnützt. Sie läßt es nicht zu, daß man sie zum bloßen Gebrauchsartikel macht. Sie muß der Kirche beibringen, wie man ein Miteinander lebendig gestaltet, damit die Kirche der Welt zeigen kann, wie man schöpferisch neues Leben weckt, wie man seinen Glauben miteinander teilt und was es heißt, daß Gott die Liebe ist.

Zweifellos können uns am besten Väter und Mütter,

Söhne und Töchter, Brüder und Schwestern beibringen, wer und wie Christus ist. Denn wenn sie einander herzlich umarmen, wird über den Glauben gar nicht gesprochen. Er springt über, fast aus Versehen, wenn Familien immer wieder einen neuen Anlauf machen, um miteinander in Einheit zusammenzubleiben.

„Ich schreibe dir das alles, damit du weißt, wie man sich im Hauswesen Gottes verhalten muß, das heißt in der Kirche des lebendigen Gottes, die die Säule und das Fundament der Wahrheit ist" (1 Tim 3,14–15).

Kriterien für das Wachstum der Gemeinschaft

Gemeinschaften sind lebendige Organismen. Gemeinschaften sind wie Ehen. Gemeinschaften sind ein Geflecht von Beziehungen. Sie wachsen nach Kriterien, die sich im Wesentlichen vorhersagen lassen. Allerdings: Stil, Farbe, der zeitliche Verlauf und die Dynamik der einzelnen Entwicklungsstufen unterliegen der Beeinflussung durch unzählige Faktoren, die jeder Kontrolle entzogen sind. So ist es oft schwierig, irgendein durchlaufendes Grundmuster zu erkennen. Dennoch gibt es einige allgemeingültige Stadien und Krisen, die jeder lebendige Organismus durchlaufen muß, wenn er erwachsen werden will.

Ich spreche hier vor allem von Gemeinschaften, die durch Vertrauen und Glauben zusammengehalten werden. Es gibt andere Gemeinschaften, deren verbindendes Element das Gesetz ist, oder die Verwandtschaft, eine bestimmte Funktion, wirtschaftlicher Vorteil oder ein bestimmtes konkretes Ziel. Die Gemeinschaften aber, deren Hauptmotivation der Glaube ist, haben sich in der Überzeugung zusammengefunden, daß Gott etwas mit ihnen vorhat und will, daß sie aktiven Anteil an einem bestimmten Geschehen haben. Folglich möchten sie ihr Vertrauen aufeinander vertiefen und zugleich gemeinsam immer mehr im Vertrauen auf Gott wachsen.

In einer solchen Art Gemeinschaft läßt es sich zweifellos am schwierigsten leben. Zugleich ist sie die stärkste Form der Gemeinschaft. Auf jeder ihrer Entwicklungsstufen wird ein gewaltiges Maß an Energie freigesetzt, das sich entweder negativ oder positiv auswirkt, oder auch auf beide Arten zugleich. Ein weiser Mensch kennt diese Energie. Er kann unterscheiden, ob sie zum Leben oder zum Tod führt: „Denn uns hat es Gott enthüllt durch den Geist. Der Geist ergründet nämlich alles, auch die Tiefen Gottes" (1 Kor 2,10).

In den neun Jahren des Aufbaus unserer Gemeinschaft von New Jerusalem sind wir zu der Überzeugung gekommen, daß man nur auf das Leben selbst bauen kann. Alles andere ist Sand. Man kann nicht auf Angst, Schuldgefühle oder Zwang und nicht einmal auf Idealismus bauen. Man kann nicht auf Bibelzitate, Kirchengebote oder päpstliche Erlasse bauen, solange diese den Menschen nicht in unmittelbare Berührung mit dem Leben bringen.

Man kann nicht auf den Tod bauen. Unversöhnlichkeit, verdrängte Verletzungen, verleugnete Gefühle, unbewußte Wut erweisen sich irgendwann als ungeeignet, um darauf eine Gemeinschaft zu bauen. Zeitweise mag es so aussehen, als böten sie ein konzentriertes Maß an Energie, aber es stellt sich heraus, daß es sich dabei um negative Energie handelt. „Die Weisheit hat ihr Haus gebaut" (Spr 9,1). Und die Weisheit weiß, daß man ein Gebäude nur aufrichten kann, wenn man als Grundlage das Leben selbst wählt.

Das Weiterwandern in immer intensiveres Leben hinein macht das Wesen einer Glaubensgemeinschaft aus. Man braucht dazu zumindest ein paar Leute, die den Weg auf ihre eigene Art schon einmal gegangen sind. Einige, oder vielleicht auch nur einer, müssen ein Gespür für Leben und Tod entwickelt haben. Sie sind dann in der Lage, einige der Fallgruben, Versuchungen und Tücken zu erkennen, in die man unterwegs geraten kann.

Ganz gleich, ob sie nun eine offizielle Rolle oder Funktion innehaben oder einen Titel tragen, es sind solche Menschen, die die Gemeinschaft führen. Sie sind von Kraft erfüllt, denn sie stehen in lebendiger Verbindung mit den Quellen der Kraft und sie wissen, wie man diese Kraft lenkt. Solange sie in einem offenen Dialog mit den Leitern der Gemeinschaft stehen, ist es gar nicht unbedingt notwendig, daß diese Leute formell die Vollmacht in der Gemeinschaft ausüben. Sie können auch so einfach Leben weitergeben, und die ganze Gemeinschaft wird dadurch wachsen.

Wo diese Weisheit über Leben und Tod in Anspruch genommen wird, gibt es vier Stufen des Gemeinschaftslebens.

Erste Stufe

Wenn man unterwegs und am Ziel zufrieden sein will, muß man einen guten Start haben. Die Ansicht, bloß weil es sich beim Start um die erste Stufe handle, sei er noch ziemlich unwichtig und man könne schnell weitermachen, um dann erst „richtig“ hineinzukommen ist grundverkehrt. Glücklicherweise oder auch unglücklicherweise wissen wir gewöhnlich nicht, daß wir auf der ersten Stufe sind. Vermutlich sind wir uns dessen nicht bewußt, daß wir kurz davorstehen, eine Gemeinschaft zustandezubringen. Denn der Geist ist es, der alles fügt. Gewöhnlich sehen wir kein Programm, keinen Plan und ahnen gar nicht, was uns bevorsteht. Gewöhnlich ist der Anfang ein reines Geschenk. Erst Jahre später gehen uns die Augen dafür auf, welche Kraft uns in den Anfängen bereitgestellt und geschenkt worden ist.

Wahrscheinlich meinen die Leute dieses Phänomen, wenn sie davon sprechen, daß manches „charismatisch anfängt und als Institution endet". Vielleicht ist das die einzige Weise, in der Neues entstehen kann, und vielleicht brauchen wir aus diesem Grund immer wieder neue Anfänge, Brüche mit dem Vergangenen oder die Besinnung auf jene Inspiration und Kraft, die auf der sagenumwobenen ersten Stufe wirkte.

Die Glut und die Begeisterung der ersten Stufe können wir nicht sehr lange aufrechterhalten. Versuchen wir das trotzdem – wie es viele Gruppen tun –, dann ist der Preis dafür sehr hoch: Wir müssen uns für das Blindsein entscheiden. Das ist eine große und sehr heimtückische Versuchung, denn diese erste Stufe wirkt so heilig, so inspiriert und so beschwingt. Sie hat viel gemeinsam mit dem Feuer einer romantischen Liebe, und niemand möchte gern freiwillig darauf verzichten.

Die erste Stufe ist wie ein Zustand passiver Abhängigkeit. Wir haben noch nicht unbedingt ein neues Leben in uns selbst entdeckt, dafür aber in einem anderen, in der Gruppe, im Ideal. Wir stürzen uns mit Übereifer darauf, weil uns dieses Ideal mit ganz neuem Leben erfüllt und uns unseren schönsten Träumen näherbringt. Wahrscheinlich ist diese Form die einzige, in der wir anfangen können, obwohl wir uns dabei ziemlich blind in Beschlag nehmen lassen. Wir horchen nicht ganz aufmerksam auf unser Ich, sondern sind betört von dem, was „da draußen“ als Verheißung vor unseren Augen steht oder was wir gemeinsam entdeckt haben. Doch ironischerweise handelt es sich bei dieser Hingabe nicht um eine echte Liebe zum Ideal, sondern immer noch ganz eindeutig – wenn auch absolut notwendig – um Eigenliebe. Wir sind in das verliebt, was uns der Traum anbietet, was die Gemeinschaft in uns weckt, was andere uns schenken.

Es wäre jedoch völlig verfehlt, wollten wir das alles naserümpfend als kindische und unaufrichtige Motive abtun. Nein, ich möchte ausdrücklich sagen, daß in diesen Motiven eine gehörige Portion Vertrauen steckt. Immerhin offenbaren sie die Fähigkeit, sich überraschen, sich faszinieren und sich von seiner Sehnsucht inspirieren zu lassen. Man wird abhängig von einem anderen, anerkennt, daß ein anderer Leben in sich trägt, und das ist zumindest der Ansatz zu wirklicher Liebe. All jene, die zu dieser ersten Stufe nicht fähig sind, sind arm dran. Heutzutage sind das viele, die sich sperren, ihr Herz irgendeiner Gruppe oder irgendeinem Menschen zu öffnen, der nicht ihren eigenen Vorstellungen entspricht und deshalb nicht vollkommen und würdig genug ist, ihre Zuneigung und Hingabe zu erhalten.

Es ist eine durchgängige geschichtliche Erfahrung, daß Liebesbeziehungen, Gemeinschaften und die meisten Ereignisse, die die Einsatzbereitschaft von Menschen wecken, zu einem großen Teil nicht-rationale Anfänge haben. Wenn wir immerzu nur darauf warten, daß einmal etwas daherkommt, auf das wir uns persönlich aus der Haltung völlig objektiver Vernunft und Unparteilichkeit heraus einlassen können, finden wir vielleicht einen Beruf, aber nie und nimmer eine Lebensgemeinschaft, und erst recht keine Glaubensgemeinschaft.

Der Glaube ist vermutlich die freieste und persönlichste Form, in der sich ein Mensch einbringen kann. Er umschließt Intellekt, Willen und Gefühl. Aber er ist nur der Anfang. Es scheint, als liege Gott daran, uns reifer zu machen – und nicht nur daran, uns oberflächlich zu begeistern.

Zweite Stufe

Auf dieser Stufe beginnen die Schwierigkeiten. Wir würden lieber blind bleiben, als zu sehen, was uns allmählich auf der zweiten Stufe aufgeht: Die Gemeinschaft ist unvollkommen. Auch der Leiter ist es, das Ideal ist es, die Strukturen sind es, und der Tageslauf, die Theologie, die ursprüngliche Berufung, die gegenwärtige Lage und das Thunfischgericht, das es heute als Mittagessen gegeben hat: Alles ist unvollkommen. Es gibt so viele Möglichkeiten wie Blätter an einem Baum, wo und wie einem die Unvollkommenheiten auf der zweiten Stufe aufgehen; daß sie einem aber aufgehen werden, ist absolut sicher. Und das ist unbedingt notwendig, damit die Liebe und das Licht überhaupt aufbrechen können.

Das ist für die Gemeinschaft die Wüste, die Wildnis, die dunkle Nacht der Seele, die Zeit der Versuchung. Viele treten während dieser Zeit wieder aus, trennen sich oder verlieren den Mut. Perspektiven gehen verloren und die Nerven liegen blank. Viele ganz objektiv zu klärenden Probleme tauchen auf, und dennoch handelt es sich dabei vor allem um einen emotionalen Prozeß, den man sowohl mit seinen Gefühlen als auch mit seinem klaren Menschenverstand bewältigen muß. Es geht dabei darum, den Anspruch, alles fest im Griff zu haben, aufzugeben. Genau das aber wollen wir am allerwenigsten. Allmählich dämmert uns, daß wir selbst unzulänglich und bedürftig sind, und ganz undeutlich erkennen wir, daß wir unvollkommen sind, daß wir Sünder sind. Genau das ist der Zeitpunkt, an dem wir uns bekehren müssen, um leben zu können.

Die zweite Stufe umfaßt eine Zeit, in der man nicht auf andere, nicht auf Gott und nicht einmal auf sich selbst hört. Man ist in dieser Zeit in einem Zustand der Entfremdung und der Entmutigung, in dem man niemals schwerwiegende Entscheidungen treffen oder vorschnell seinen spontanen emotionalen Reaktionen trauen sollte. Die Emotionen sind überreizt, weil sie mitten in einem Wachstumsprozeß stehen. Sie verwirren, machen Angst und taugen in dieser Zeit recht wenig dazu, um Beziehungen auf die Reihe zu bekommen. Doch der größte Fehler wäre, sie entweder zu leugnen oder sich ihnen ganz zu überlassen, in der Illusion, damit wieder alles in den Griff zu kriegen. Allerdings müssen wir uns die Freiheit nehmen, sowohl ihren negativen wie ihre positiven Seiten „nachzuspüren".

Es ist ein kostbares Geschenk, wenn man einen echten und klugen Freund hat, der einem während dieser dunklen Phase zur Seite steht. Wir brauchen jemanden, der uns nicht bloß zurechtweist oder gern hat, sondern der sagen kann: „Ich habe das schon selber durchgemacht." Wir brauchen die Schwester oder den Bruder, die uns versichern können, daß es in dieser Phase nicht nur Finsternis gibt, sondern auch einen Schimmer Licht. Das Schwierigste daran ist aber: Wir müssen diesem Menschen schon vorher so viel Autorität zugestanden haben, daß wir auch jetzt auf ihn hören können, wenn sich alles in uns gegen die Zumutung sträubt, uns von jemand anderem etwas sagen zu lassen.

Auf der zweiten Stufe erleben wir den schlimmsten Mangel an Weisheit und Verständnis. Die meisten kirchlichen Gemeinschaften haben es dummerweise vorgezogen, lieber auf der ersten Stufe stehenzubleiben, statt sich in diese weite, schreckliche Wildnis hinauszuwagen. Viele einzelne Menschen sahen sich gezwungen, ganz allein hinauszugehen. Das hat vielen das Leben gekostet, und einige zu Heiligen gemacht. Gottes Absicht ist es aber eigentlich, auf dem Weg durch die WüsteI *sein ganzes* Volk zu Heiligen umzuformen.

Der einzige Weg durch diese Phase ist vielleicht der, sich von einem kompetenten geistlichen Führer begleiten zu lassen. Leider fehlt es jedoch bei vielen heutigen Versuchen, ein Gemeinschaftsleben zu gestalten, gerade daran am meisten. Allzulange haben wir unsere Kommunitäten durch Gesetz, durch Angst, Tradition und sozialen Druck zusammengehalten. Jetzt, wo wir versuchen, Kommunitäten aufzubauen, die von freien Menschen gebildet werden und auf alle einen heilenden Einfluß ausüben, stellen wir fest, daß wir weniger „Köpfe" und wesentlich mehr geistliche Führer brauchen. Statt der „Oberen" brauchen wir echte spirituelle Autoritäten. Wir brauchen Menschen, die sich in der Finsternis auskennen und uns mit ihrer Gegenwart zuversichtlich bis ans Ende des Tunnels geleiten.

Dritte Stufe

Hier ergeht wiederum der Ruf: Kehre um! Glaube an die Frohe Botschaft! Wenn man zur dritten Stufe durchbricht, dann ist das ein Augenblick der Gnade. Dieser stellt das Erlebnis, zur ersten Stufe vorgestoßen zu sein, weit in den Schatten.

Erst jetzt beginnt die Liebe richtig. Alles, das uns auf der zweiten Stufe aufgegangen ist, bleibt uns erhalten. Wir wissen nach wie vor, daß wir in einer unvollkommenen Welt leben und selbst äußerst unvollkommen sind; jetzt haben wir aber die Freiheit, trotz allem zu lieben. Wir können hier anfangen, von erwachsenem Christsein zu reden, denn jetzt beginnen wir, freie Persönlichkeiten zu werden, die zu eigenständigen Entscheidungen und Antworten fähig sind, und darum auch zu einem wirklichen Glauben.

Auf den ersten beiden Stufen haben wir vor allem aus Reaktionen heraus gelebt, haben Versuche und Anläufe gemacht, sind kurzen Impulsen der Gnade Gottes gefolgt. Jetzt aber kommt das Leben in uns zu sich selbst. Jetzt stellen wir uns auf die eigenen Füße und beschließen – nicht mehr aus Angst oder Bedürftigkeit oder weil das alle so machen –, einem bestimmten Ruf konsequent zu folgen. Die Gnade hat ihr Ziel erreicht.

Jetzt schauen wir Gott mit genau den gleichen Augen an, mit denen er schon früher uns angeschaut hat. Plötzlich sind das jetzt unsere eigenen Augen. Das ist das größte Wunder nach der Inkarnation.

Menschen, die auf der dritten Stufe angelangt sind, sind die Baumeister von Kommunitäten. Die Freiheit, die sie ausstrahlen, weckt in ihrer Umgebung spontan neue Lebendigkeit. Sie scheinen ihr Leben aus ihrem eigenen Inneren zu schöpfen und sind in dieser Hinsicht auf erfrischende Weise von anderen unabhängig. Es sieht fast so aus, als bräuchten sie eigentlich gar keine Gemeinschaft. Trotzdem lassen sie sich darauf ein, weil Gott ihnen den Auftrag dazu gibt. Sie sagen bewußt dazu Ja, an Gottes Mühe und Plage teilzunehmen, sein Reich in dieser Welt anbrechen zu lassen. Sie wissen, daß sie das nicht unbedingt tun *müssen* – aber dennoch spüren sie sich von innen heraus dazu gedrängt, um voll und ganz die zu werden, die sie bereits sind.

Menschen auf der dritten Stufe sind nicht auf passive Weise abhängig; sie sind es auf positive Weise. Sie stellen sich bewußt der Tatsache, ein bedürftiger Mensch zu sein. Sie wählen das Angewiesensein auf andere, so wie der Vater auf den Sohn angewiesen sein will und der Sohn auf den Vater. Sie sagen Ja zum Geheimnis des dreifaltigen Lebens, in das sie einbezogen sind und das in ihnen wirkt.

Das einzig wirklich mögliche Leben ist ein mit anderen geteiltes Leben, denn Gott selbst ist geteiltes Leben. Die Gemeinschaft ist dann nicht mehr eine *Lebensweise.* Die Gemeinschaft *ist* das Leben. Denn Gott ist vollkommene Gemeinschaft.

Wer eine lebendige Gemeinschaft aufbauen will, braucht zumindest einen Menschen (nur im Glücksfall finden sich mehrere), der auf der dritten Stufe steht ist. Manchmal ist es so wie bei Mose und Mirjam, daß sie selbst ihre Form erst auf jenem Weg finden, auf dem sie bereits mit den anderen unterwegs sind. Das sind dann die Schwestern und Brüder, die zu uns anderen, die wir noch auf der ersten und der zweiten Stufe herumkrebsen, sagen können: „Das habe ich auch schon durchgemacht. Komm, gehen wir miteinander weiter."

Eine Gemeinschaft, in der viele Mitglieder oder sogar die Mehrheit zumindest einmal schon bis zur dritten Stufe vorgestoßen sind, ist ein herrlicher und heiliger Ort, an dem es sich wunderbar leben läßt. Sie ist ein wirklicher Vorgeschmack des kommenden Reiches Gottes und der Gemeinschaft der Heiligen. Hier werden wirkliche Tugend und echte Heldenhaftigkeit möglich. Hier fängt die aufrichtige Kommunikation miteinander an. Echtes Zuhören und freies Gehorchen verlieren alles Bedrohliche.

Endlich können wir uns auf die wirklichen Fragen einlassen, statt immer bloß gegen Projektionen, Ängste und Reaktionen zu kämpfen. Werte werden wirklich hilfreich und -ja- wunderschön, weil sie aus tiefen, stillen inneren Quellen aufsteigen. Die Gemeinschaft dient nicht mehr lediglich dem Zweck, bestimmte persönliche Ziele und Absichten zu verwirklichen, sondern man kann sie in sich als Ziel erleben und genießen. Jetzt besitzt die Kommunität die Fähigkeit, zur Familie zu werden. Aber es gibt noch mehr.

Vierte Stufe

Wir müssen noch von einem anderen Zustand völliger Entsprechung zu Gott reden. Er stellt zweifellos den Sieg der Gnade dar. Er ist das Ziel, zu dem wir unterwegs sind und auf das hin alle guten Seelsorger arbeiten und ihre Gemeinden erziehen. Es ist die Stufe des vollkommenen Hinhörens, der vollkommenen Bereitschaft, der vollkommenen Liebe. Auf der vierten Stufe herrscht das Klima, in dem die Heiligen leben. Auf der vierten Stufe zeigt sich das, was die Welt eigentlich bei den Christen sehen möchte. Jeder weise Mensch glaubt, daß es diese vierte Stufe gibt, und er erkennt mühelos ihre Zerrbilder. Tragischerweise können sich jedoch Menschen und Gemeinschaften immer wieder schlimme Illusionen darüber machen, wo sie stehen, obwohl die Welt sie mühelos durchschaut. Menschen, die auf der ersten Stufe sind, meinen oft von sich, sie seien auf der vierten Stufe. Sie sind losgelöst vom Ganzen und vertreten irrtümlicherweise die Auffassung, ihre aufregende Privatwelt sei das vollkommen Ganze.

Diese Selbsttäuschung ist in der Geschichte der religiösen Bewegungen und Gruppierungen so häufig aufgetreten, daß die Menschen verständlicherweise etliches Mißtrauen gegenüber Idealisten voller frommer Platitüden und gutgemeinter Ansichten entwickelt haben. Die Menschen haben nur allzu recht, wenn sie sagen: „Erst einmal abwarten, was dabei herauskommt." Heilig wird man nicht über Nacht oder im Alter von einundzwanzig Jahren. Kommunitäten beurteilt man nicht nach Jahren, sondern nach Jahrzehnten oder gar Jahrhunderten.

Ich spreche von dieser Selbsttäuschung vor allem im Hinblick auf das Phänomen der Religion in Amerika. Hier gibt es besonders viele Gruppen, die sich auf der vierten Stufe fühlen und in Wirklichkeit Fundamentalisten, Charismatiker oder einfach Sozialaktivisten sind. Solche Gruppen können weit über das ihnen zustehende Maß hinaus Einfluß gewinnen; vor allem bringen sie es fertig, ihre moralischen Ansichten der Allgemeinheit aufzudrängen, weil die Massen über keine klaren Kriterien zur Unterscheidung der Geister verfügen.

Kommunitäten auf der vierten Stufe bemühen sich nicht, ihren eigenen Willen durchzusetzen, sondern den Willen dessen zu tun, der sie sendet. Sie sind die deutlichste Inkarnation Jesu in Raum und Zeit dar. Sie tun nur das, was sie als Auftrag von Gott her hören. Was man an ihnen bewundert, offenbart etwas von Gott. Sie sind gegenüber Erfolg oder Mißerfolg innerlich frei. Ihre Mitglieder sind nicht lediglich auf positive Weise voneinander abhängig, sondern sie bilden ein Netzwerk gegenseitigen Gebens und Nehmens und gehen gemeinsam auf die sie umgebende Welt zu. Im Lauf ihrer gemeinsam erlebten Zeit und ihrer gemeinsam bestandenen Prüfungen sind sie auf eine gemeinsame Grundlage für ihr Einssein gestoßen, die von keinerlei augenblicklichen Schwierigkeiten erschüttert wird. Gott ist weiterhin am Werk, und genauso sind sie es.

Solche Kommunitäten sind ganz und gar für jede Berufung und Sendung bereit. Einige von ihnen sind höchstwahrscheinlich entstanden, um den Glaubensproblemen die Stirn bieten zu können, die sich in den nächsten Jahrzehnten auftun werden. Der Intellekt, der Wille und die Emotionen ihrer Mitglieder werden schon jetzt auf die Probe gestellt und Belastungen ausgesetzt, um das ganze Maß unserer Sehnsucht nach Einheit erfassen zu können.

Jeder Versuch, im Glauben zu einer tiefen Gemeinschaft zu werden, ist immer eine Teilhabe an der ewigen Sehnsucht Gottes danach, daß wir alle eins werden. Wäre das nicht so, hätten wir wenig Grund zum Durchhalten und zum Durchstehen dieser Stufen oder jeglicher anderer Wachstumsstufen.

Wachstum stellt sich nicht von allein ein; es braucht geeignete Umstände. Zwei dieser geeigneten und notwendigen Umstände sind *Zeit* und *Weisheit*.

Vermutlich durchschreiten wir diese Stufen immer wieder einmal in unserem Leben und auf immer neue Weise. Aber wenn wir wenigstens einmal grundsätzlich erfahren und bewußt angenommen haben, daß unser Leben sich auf diesen drei Stufen abspielt, werden wir wohl schwerlich jemals wieder einfach damit zufrieden sein können, alle Fragen lediglich von der ersten oder zweiten Stufe aus zu beantworten. Nein, wir werden dann sehen, von welcher Stufe aus wir uns gerade orientieren und werden dann weiterwandern. Dies nicht zu tun, wäre dann wohl im eigentlichen Sinn Sünde.

Ich hoffe, diese Gedanken über das Weiterwandern und Weiterwachsen im Glauben öffnen dem einen oder anderen Leser die Augen dafür, was Gott im Leben von vielen von uns offensichtlich wirkt. Vielleicht lernen einige daraus etwas und können dann wiederum einigen etwas über das einzige beibringen, was kostbarer ist als unser Leben: *unser gemeinsames* Leben.

Gemeinsam Schöpfer des Lebens sein

„Wenn Sie den Duft des Christentums verbreiten wollen, müssen Sie es wie die Rose machen. Die Rose zieht die Menschen unwiderstehlich an, und ihr Duft bleibt an ihnen hängen. So sollte es auch mit dem Duft des Christentums sein. Er ist viel zarter als der der Rose und sollte, wenn möglich, auf noch stillere und unmerklichere Weise verbreitet werden." (Mahatma Gandhi)

Das Christentum ist der Welt weithin durch den Filter des Denkens und der Erfahrung der westlichen Zivilisation hindurch vermittelt worden. Ganz selbstverständlich hat es viele Färbungen und Fragestellungen dieser Zivilisation übernommen. Zum Beispiel legt es eine Vorliebe für die Worte der Heiligen Schrift an den Tag, die als aktiv, vernünftig, aggressiv, entscheidend, endgültig, abgrenzend, meß- und beweisbar vorgestellt werden. Gewöhnlich vernachlässigt es oder erfaßt es zumindest zu wenige andere Aussagen der Bibel. Das Ergebnis ist, daß der westlichen Christenheit über weite Strecken eine tiefe innere Autorität fehlt und es sich ausweglos in heimlichen Kämpfen um den Erwerb dieser Autorität abstrampelt. Mehr noch: Das westliche Christentum setzt stärker auf eine von außen her auferlegte Autorität, als auf jene innere Autorität und Überzeugungskraft, die allein es verdient, als biblischer Glaube bezeichnet zu werden.

Innere Autorität, so scheint es, ergibt sich, indem wir bewußt „unsere Erfahrungen erfahren" und sie ganz als die unsrigen erfahren. Die meisten Menschen geben sich anscheinend damit zufrieden, ihre Autorität auf bloße Ideen und Meinungen und auf Zitate aus einschlägigen Quellen zu gründen. Es kann durchaus sein, daß sie mit allen ihren gesammelten Informationen auf recht kreative Weise umgehen können, aber dennoch steckt offensichtlich die Autorität nicht in ihnen selbst. Sie können sogar eine mit Autorität ausgestattete Rolle oder Funktion ausüben – dennoch sind sie nicht aus sich selbst heraus die Quelle von Kraft, Energie oder Leben.

Offensichtlich haben wir die Gabe, den Unterschied intuitiv wahrzunehmen. Es kann durchaus sein, daß wir die Nähe von jemandem suchen, der Autorität *ausübt*; aber im Grunde genommen würden wir uns eher die Nähe von jemandem wünschen, der Autorität *ausstrahlt*. Nur ein solcher Mensch ist „Autor", „Urheber" von Leben in uns. Er verfügt über die schöpferische Kraft, Leben in uns zu wecken. Er schreibt offensichtlich eher selbst das Leben, als daß er vom Leben beschrieben wird. Aus einem solchen Menschen sprudelt Leben hervor, so wie das auch bei Jesus der Fall war.

Das heißt nicht, daß Menschen mit innerer Autorität selten sind oder etwas Heldenhaftes an sich haben. Ihre innere Kraft muß man nicht unwillkürlich merken, und erst recht nicht muß sie sich auf augenfällig charismatische Weise äußern. Gewöhnlich ist sie eher verborgen und zeigt sich nur ganz diskret.

Gandhis Rose ist dafür ein wunderbares Bild. Die Rose bezieht ihre stille und unmerkliche Autorität aus ihrer Schönheit und ihrem lieblichen Duft. Sie braucht ihren Wert nicht zu beweisen und muß niemanden überreden, ihre Partei zu ergreifen. Sie weiß, daß sie eine Rose ist, und sie weiß, daß sie wunderschön ist.

Wenn Sie ein Mensch sind, der eine Nase für betörende Düfte und ein Auge für bezaubernde Schönheit hat, dann werden Sie unmittelbar spüren, daß die Rose über eine ganz eigene überzeugende Autorität verfügt. Ja, es könnte sein, daß Sie diese der Rose angeborene Autorität als so stark und unwiderstehlich empfinden, daß Sie zu ihr sagen, wie es Franz von Sales getan hat: „Schrei nicht so laut!"

Würde sich die Christenheit auf ihre innere Autorität und Überzeugungskraft verlassen, auf das Durchsetzungsvermögen ihrer Wahrheit und die schlichte Kraft echter Güte, dann würde die Welt auch zu den Christen sagen: „Ich höre euch sehr wohl; schreit nicht so laut!" Dabei hätten wir keine einzige Predigt gehalten und kein einziges Wort gesagt.

Wo in der Welt Menschen auftreten, deren Schwerpunkt im Inneren liegt, statt auf die Religion oder irgendwelche fix und fertigen Antworten verlagert zu sein, da zieht dies die Menschen an, wie das Licht die Motten anzieht. Wenn wir Menschen begegnen, die wissen, daß sie etwas wissen, und die wissen, daß sie weit mehr wissen, als sie verstehen können, und die obendrein noch das Vertrauen und die Geduld haben, zu diesem Wissen zu stehen, dann sind das Menschen, die wirklich die Autorität Gottes darstellen können. In ihrer Gegenwart erstarken wir innerlich.

Gewöhnlich besteht ein direkter innerer Zusammenhang zwischen der Tatsache, daß ein Mensch rein äußerliche Autorität braucht und sich auf sie stützt und dem Umstand, daß er selbst über keine innere Autorität verfügt. In Zukunft werden Gemeinschaften, die nicht bewußt eine wirkliche innere Autorität bei ihren Mitgliedern fördern und schützen, kaum mehr überleben oder irgendeinen dauerhaften Beitrag leisten können. Unsere Gemeinschaften werden nur noch so stark sein wie jedes einzelne ihrer Mitglieder.

Unsere Zeit ist zu scharfsichtig geworden, um nicht die überkommenen Motive der Angst, des Gesetzes oder des Pochens auf den „Buchstaben der Heiligen Schrift" zu durchschauen. Sie betont, daß das Gesetz in unser Herz eingeschrieben sein muß, und sie weiß, daß auch die Heilige Schrift eine Bestätigung durch das Zeugnis des Heiligen Geistes im eigenen Herzen kennt.

Wir brauchen eine ganzheitliche Autorität. Sie darf nicht mehr nur auf Kirchengeboten oder Bibelauslegungen beruhen, sondern muß auch von unseren eigenen Seelen bestätigt werden. Wir brauchen dringend Christen mit wachen Seelen!

Die katholische und die orthodoxe Tradition haben dazu geneigt, an die Stelle einer Autorität der Seele die Autorität der Kirche zu setzen; die protestantische Tradition hat an die Stelle der Seele die Bibel oder den Individualismus gesetzt. Beide Traditionsströme sind auf der Suche nach dem wahren Sitz und dem Kern der Autorität; genau darauf zielt die Religion ab.

Aber beide Traditionsströme sind zumindest einen Schritt weit neben der wirklichen Autorität. Sie haben sich mit dem üblichen religiösen Ersatzmittel abgefunden: mit Gesetz statt Geist. Statt zu wirklichem biblischem Gehorsam erziehen sie zu Anpassung, statt zur

Wahrhaftigkeit zu traditionellem Verhalten, statt zum Glauben zur Mittelmäßigkeit. „Das Gesetz tötet, nur der Geist schenkt Leben."

Die Menschen klammern sich immer wieder schnell an äußere Autorität, weil sich keiner auskennt, keiner zuhört, keiner ernsthaft sucht, kämpft oder betet. Auf dem Gebiet des Geistes ist das Falschmünzerei. Es bleibt ein Abklatsch. Man kriegt es billiger als etwas Echtes.

Wenn aber die große Mehrzahl der Menschen Falschgeld benützt, vergißt man bald allgemein, wie richtiges Geld überhaupt aussieht. Mehr noch: Es kommt dahin, daß das richtige Geld schließlich für aufgedonnert, unnötig, ja anmaßend erklärt wird. In der Welt der Religion wird persönliche innere Autorität unglücklicherweise als etwas Bedrohliches, Spaltendes, ja Fanatisches angesehen. Menschen, die frei aus einer eigenen inneren Mitte heraus handeln, statt bloß auf Trends und Traditionen zu reagieren, werden oft für zu gewissenhaft gehalten oder man sagt, sie nähmen „sich selbst zu wichtig".

Dorothy Day, die Gründerin der Bewegung der Catholic Workers, wurde zu ihren Lebzeiten von Kirche und Staat weithin ignoriert. Erst nach ihrem Tod, als sie niemanden mehr durch ihr inspirierendes Leben verunsichern konnte, haben wir sie bewundert und bestätigt, daß sie über eine ungeheure innere Autorität verfügt hat. Sie hatte Seele. Wir wußten das alle, aber wir hatten Angst davor, sie könne uns dadurch zu sehr beeinflussen. Wir mußten uns durch Wegschauen vor der Rose schützen.

Man könnte sagen, wir wußten es deshalb, weil sie es selbst zuerst wußte. Menschen mit innerer Autorität sind sich bewußt, daß sie ihren Schwerpunkt in sich selbst tragen. Sie schöpfen ihr Leben aus diesem tiefen inneren Brunnen. Erzieher bezeichnen solche Menschen als völlig eigenständig Lernende, Psychologen bringen sie in der Kategorie „Selbstverwirklicher" unter, die Kirche nennt sie „Heilige". Natürlich wird der Heiligsprechungsprozeß bis lange nach dem Tod aufgeschoben. Vielleicht ist das ein Grund dafür, daß Dorothy Day zu allen, die sie gern als Heilige bezeichneten, zu sagen pflegte: „Schreibt mich nicht so schnell ab."

Menschen mit innerer Autorität schöpfen ihr Leben aus dem Inneren, weil es da drinnen tatsächlich ein Leben gibt – nicht nur Gesetze, Prinzipien, Pflichten oder Ängste, sondern ein echtes *Leben*. Und sie haben sich genau gemerkt, was sie von der Weisheit gelernt haben: Nur echtes Leben bietet eine zuverlässige Grundlage.

Gewöhnlich schreiben sie dieses Leben nicht sich selbst zu. Sie betonen mit Nachdruck, daß das Leben ein Geschenk ist. Sie legen großen Wert darauf, es weiterzugeben und andere damit zu beschenken, denn sie wissen, daß man es nicht kaufen, verringern oder horten kann. Es ist nicht ihr persönliches Eigentum. Nicht sie besitzen es, sondern dieses Leben besitzt sie.

Innere Autorität muß sich nicht mit Hilfe von Statussymbolen abgrenzen oder absichern. Jesus hatte keinerlei Bedürfnis, irgendjemandem zu beweisen, daß er tatsächlich der Sohn Gottes sei.

Innere Autorität läßt die Wahrheit für sich selbst sprechen, gesteht anderen ihre eigenen Gedanken zu, läßt sie aus der ihnen eigenen Kraft leben und sterben, und genau wie die Liebe „freut sie sich nicht über das Unrecht, sondern freut sich an der Wahrheit. Sie erträgt alles, glaubt alles, hofft alles, hält allem stand" (1 Kor 13,6–7). Nur Menschen mit innerer Autorität, mit dem, was Gandhi als „Seelenstärke" bezeichnete, sind zu wirklich gewaltfreiem Verhalten fähig. Nur solche Menschen können sowohl Dinge da sein lassen als auch ins Dasein rufen. Nur sie sind schöpferisch. Wir übrigen Menschen stellen lediglich immer wieder das Bestehende anders zusammen.

In einer Gemeinschaft können viele Mitglieder über innere Autorität verfügen; Auf jeden Fall verfügen jedoch alle wirklichen Führer darüber. Das ist der Grund dafür, daß die Menschen sich ihrer Führung anvertrauen und ihnen folgen. Und aus dem Grund haben die Menschen auch oft ein gespaltenes Verhältnis zu ihren Führern. Einerseits schauen sie zu ihnen auf und beneiden sie, und andererseits begehren sie gegen sie auf, weil die Führenden etwas besitzen, das sie selbst gern hätten und weil sie spüren, daß ihnen das selbst fehlt.

Zwischen Führer und Gemeinschaft spielt sich ein intensiver Prozeß der Übertragung und Projektion ab. In jeder Gruppe ist die grundlegendste Beziehung diejenige zwischen dem oder den Führern und den Anderen. Der Führer ist das Symbol des intensivsten Lebens innerhalb der Gruppe. Er oder sie ist das nicht-rationale Symbol der Macht der Gruppe, aber auch der Schwäche der Gruppe und ihrer Angst vor dem Sterben. Die Mitglieder übertragen auf den Führer ihre eigenen Ängste und ihren Mangel an innerer Autorität.

Gute Führung zielt darauf ab, in allen Mitgliedern das Wachstum eigener innerer Autorität zu fördern. In dem Maß, wie die eigene innere Autorität der Gruppenmitglieder zunimmt, schwanken sie ständig zwischen Liebe und Haß gegenüber denjenigen, die sie vorher gebraucht haben. Die Mitglieder müssen immer wieder neue Gründe finden, um den Führenden weiterhin vertrauen und gehorchen zu können. Das ist ein notwendiger Wachstumsrhythmus. Vermutlich erklärt er viele Konflikte innerhalb der Gemeinschaft und auch das Gefühl der Führer, immer wieder ganz ausgelaugt zu sein; denn gewöhnlich sind sie sich nicht darüber im Klaren, wie komplex die emotionale Rolle ist, in die sie eingebunden sind.

Die Menschen verehren und fürchten die Macht. Von Menschen, die auf irgendwelche Weise über Macht verfügen, sind wir fasziniert. Wir bewundern sie, versichern sie unserer Loyalität und machen uns von ihnen abhängig, denn sie bringen uns in Kontakt mit unserer eigenen inneren Macht oder unserem Wunsch danach. Wir erlangen dadurch Stärke. Gewöhnlich aber wissen wir nicht, daß sich das abspielt. Werden wir uns dessen bewußt, ist uns das peinlich, und wir streiten ab, das Bedürfnis nach einem Führer zu haben.

Genau an diesem Punkt brauchen wir unbedingt Klarheit und Weisheit. Gewöhnlich aber befällt uns hier die Art von Stolz, die die Griechen als „Hybris" bezeichnen; sie verstellt uns den Blick auf eine tiefere Wahrheit.

In den klassischen griechischen Tragödien hindert die Illusion, von den Göttern unabhängig zu sein, den Helden daran, zum wirklichen Helden und selbst zum Gott zu werden. Wir geben nur äußerst ungern zu, daß wir grundsätzlich nicht aus uns selbst Bestand haben (und auch der Führer hat es nicht), sondern daß wir alle in eine Kette des Daseins und der gegenseitigen Abhängigkeit eingebunden sind, die uns erst den Eintritt in eine tiefere Dimension des Lebens ermöglicht.

Wir finden nur in dem Maß zu eigener innerer Autorität, in dem wir zulassen, daß wir auf positive und reife Weise von anderen abhängig sind und uns in Freiheit auf einen gesunden Austausch von Leben und Macht einlassen. Das ist notwendig und gut. Die christliche

Tradition hat dies als die „communio sanctorum", die „Gemeinschaft der Heiligen" bezeichnet, oder als den „Leib Christi", dessen einzelne Glieder wie diejenigen unseres Körpers aufeinander angewiesen sind.

Unglücklicherweise hegen wir gerade gegenüber denjenigen Menschen besondere Abneigung und deutliches Mißtrauen, die uns das geben könnten, was wir brauchen und was wir eigentlich auch von ihnen wollen. Wir verheddern uns in der Abhängigkeit von ihnen, nehmen uns selbst gefangen, und wirkliche Gemeinschaft findet daher nicht statt. Wir begnügen uns dann damit, eine Ansammlung eigensinniger Einzelgänger zu sein, die sich regelmäßig ihre unterschiedlichen Ansichten klarmachen und sich damit aneinander aufreiben. Wir hoffen immer, daß wir eine Gemeinschaft auf logischem und vernünftigem Wege zustande bringen, denn das würde uns ein leidenschaftliches und verletzliches Leben ersparen. So bleiben wir in der ersten, penetrantesten und verkapptesten von allen Sünden befangen: im Stolz, der uns davon abhält, uns aufeinander einzulassen.

Vielleicht kann uns eine ganz grundlegende Einsicht helfen, diesen Hindernislauf mit Erfolg zu bestehen: Die Macht liegt letztlich nicht im Führer, sondern in der Gruppe. Was der Führer verkörpert, ist die Autorität; diese Autorität aber besteht darin, die Macht der Gruppe zu artikulieren, zu bestätigen und zu aktivieren. Wenn ein einzelner diese Macht der Gruppe zu ihrem eigenen Wohl freisetzen und fruchtbar machen kann, wird er oder sie in gewisser Hinsicht zum Gründer oder Führer der Gruppe.

Dieses Charisma, eine Gemeinschaft zum Leben zu erwecken, scheint noch seltener zu sein als die Gabe der Führerschaft. Viele können andere zumindest dazu anleiten, weiterzuwachsen, aber nur ganz wenige können andere dazu führen, zusammenzuwachsen. Letzteres wäre die eigentliche pastorale Aufgabe der Kirche. Sie wird aber nur äußerst selten wahrgenommen, und zwar schlicht und einfach deshalb, weil sie kein Mensch von der Kirche erwartet hat.

Wenn Führer nicht mehr die der Gruppe innewohnende Kraft zu aktivieren vermögen, sind sie mit ihrer Führungsqualität am Ende. Sie mögen dann zwar noch auf einer Rolle, einem Amt oder gar einer heiligen Weihe bestehen, aber sie werden nur noch in dem Maß führen, wie andere ihnen freiwillig folgen; ihre Autorität bringt es nicht mehr fertig, in anderen Menschen Leben zu wecken.

Diese Art Führerschaft zerstört und entmutigt dann nur die Erfahrung anderer Menschen, aus sich selbst etwas zu sein. Gesunde Autorität dagegen bestärkt in einer Gruppe und in einzelnen Menschen immer diese Erfahrung.

Echte Führerschaft besteht folglich nicht nur darin, gute Einfälle zu haben oder fähig zu sein, andere zu beaufsichtigen, sondern ihr ist es eigen, die anderen aufrichtig lieben und an sie glauben zu können. In diesem Sinn ist Führerschaft das, was Jesus von Anfang an über sie gesagt hat: die authentischste Form des Dienens. Ihre Aufgabe besteht mehr darin, hinzuhören als zu reden, mehr darin, zu hoffen als etwas mit Gewalt zu erzwingen.

Innere Autorität wird zur äußeren Autorität, wenn sie sowohl von innen heraus kommt als auch gleichzeitig andere Menschen anzieht, bestätigt und leitet. Das ist fast zu viel, als daß man es von einem einzigen Menschen erhoffen könnte. Die Geschichte der Menschheit und die Kirchengeschichte ist so voller Enttäuschungen über mißglückte Versuche der Führung, daß wir uns jetzt anscheinend damit abgefunden haben, autoritäre Führer als Lückenbüßer zu haben. Und weil diesen echte innere Autorität fehlt, müssen sie dann eben autoritär sein. Sie sind nicht in lebendigem Kontakt mit der tiefen inneren Wahrheit des Menschen.

Die Mächte dieser Welt, die ständig mit Terminen, Wachstumsraten und Umsatzsteigerungen kämpfen, erwarten gar nicht, von innen heraus motiviert zu werden. Sie können sich das auch gar nicht leisten, solange die Menschen nicht die Wahrheit kennenlernen, sondern alles im Griff haben wollen. Aber wie sieht das bei uns aus, bei den Menschen, denen daran gelegen sein soll, die Erde nach Gottes Bild und Gleichnis zu gestalten?

Der Urheber des Lebens fordert uns auf, an seiner Freiheit und Autorität teilzuhaben. Wir werden lange brauchen, um dies zu erreichen, aber es wird auch lange halten.

Darum scheint sich Gott auf lange Sicht zu bemühen. Gott wartet, wie nur Gott warten kann, weil er weiß, daß er Gott ist. Menschen, die über echte Autorität verfügen, können darauf setzen, denn sie wissen, daß sie das wissen. Und die Rose kann blühen und auch sterben, weil sie weiß, daß sie eine Rose ist.

FÜNFTES KAPITEL

Sorgloses Sorgen umeinander

Die Zukunft des Ordenslebens

Beim Nachdenken über die Zukunft und die Erneuerung des Ordenslebens haben mir einige Worte aus T.S.Eliots Gedicht „Aschermittwoch" einen wichtigen Hinweis gegeben. Eliot beschließt dieses lange Gedicht mit folgenden Zeilen:

Geist der Quelle, Geist des Gartens,
Laß nicht zu, daß wir in Falschheit enden
Und zum Gespött der Menge werden
Lehr uns sorgloses Sorgen umeinander
Selbst mitten im Geröll
Unser Friede ruht in seinem Willen
sogar hier mitten im Geröll...

Mich besticht in diesem Gedicht der Gedanke des „sorglosen Sorgens". Wenn wir im Westen unser Ordensleben von Grund auf erneuern wollen, dann ist meiner Überzeugung nach die Fähigkeit dazu eine der wichtigsten spirituellen Disziplinen, die wir wieder lernen müssen. Gemeint ist damit der innere Abstand, das Loslassen-Können, die Freiheit von dem, was wir sind und tun. Ich habe schon sehr viele Schiffbrüche im Leben von Menschen und Seelsorgern miterleben müssen, als deren Ursache ich eine übertriebene Fürsorge betrachte. Diese Fürsorge hat nicht darin bestanden, daß die Betreffenden sich selbstlos der Sorgen anderer

Menschen angenommen haben – nein, sie wollten auf zwanghaft-verbissene Weise unbedingt eigene Ideen, eigene Gefühle, eigene Überzeugungen durchsetzen, weil sie meinten, *nur sie* wüßten, wie den Leuten zu helfen wäre und wie alles zu sein hätte. Man hat zuweilen geradezu den Eindruck, das, was sie sich in den Kopf gesetzt haben, stelle die einzige Ich-Identität dar, über die solche Leute verfügen. Das bedeutet bei ihnen: „Ich bin meine Gefühle. Ich habe ein Gefühl, das die andern mit mir teilen und von mir übernehmen müssen". Unversehens kippt das dahin um, daß ihre Gefühle *sie* haben. Bald gibt es dann aus dem Sumpf der Subjektivität kein Entkommen mehr, und die ganze Ordensgemeinschaft wird womöglich weitgehend zu einem Zirkel von Leuten, die aufeinander fixiert sind und sich gegenseitig therapieren. Damit stellen sie dann lediglich einen Abklatsch der Gesellschaft draußen dar, statt dieser eine ehrliche und verlockende Alternative vorzuleben.

Ich bin überzeugt, daß die Befreiungstheologie im Kontext unserer Ersten Welt darauf zielen muß, uns von der Tyrannei unserer Gefühle, von der Tyrannei psychischer Fragestellungen, von der Tyrannei des von allen andern losgetrennten, an sein eigenes Ich verfallenen Ego zu befreien. Alle Strukturen, Ausbildungsprogramme und Gemeinschaftsmodelle, die das Ordensleben weiterhin mit der modernen Therapiegesellschaft gleichsetzen, werden lediglich die Regression fördern und die schlimmsten Züge einer durch und durch narzißtischen Gesellschaft bekräftigen. Damit bereiten wir dann Heerscharen künftiger Ordensleute den Boden, die um die Therapie ihres eigenen Ich kreisen, statt anderen zu dienen, die sich auf ihre Psyche fixieren, statt den sehr viel anspruchsvolleren Vorstoß zu ihrer kontemplativen inneren Mitte zu unternehmen. Pelagianische und semi-pelagianische Techniken („*Ich* muß das zustandebringen!") treten dann an die Stelle von sehr viel traditionelleren Lehren über die positive innere Loslösung und das geistliche Sich-Anvertrauen und Hingeben.

Ich bin mir dessen bewußt, daß man diese Äußerungen völlig falsch verstehen kann, so als rede ich einem Dualismus oder einer antipsychologischen Einstellung das Wort. Darum geht es mir nicht. Ganz im Gegenteil. Ich bin der festen Überzeugung, daß wir eine authentisch spirituelle Ebene erschließen können (die „Seele", mein wahres Ich, die kontemplative Mitte; der, der ich in Gott bin, noch ehe ich irgendetwas tue oder mir etwas getan wird), die ursprünglicher und tiefer liegt als alle Fragen nach Fruchtbarkeit, empfangenen Verletzungen, Fehlverhalten und danach, „wie ich mich fühle". Von entscheidender Bedeutung für die Zukunft unserer Ordensgemeinschaften ist es, daß wir Menschen sind und als solche gesehen werden, die die ausgezeichneten psychologischen Hilfsmittel unserer Kultur dazu – und nur dazu – benützen, unsere radikale Verwurzelung in dieser spirituellen Mitte abzuklären und zu vertiefen. Viel zu oft beobachte ich, daß der erdrückende Einfluß unserer Therapiegesellschaft gerade das Umgekehrte bewirkt hat: Die Spiritualität scheint im Dienst der psychischen Gesundheit zu stehen, statt daß die Psychologie im Dienst der Annäherung an das Einswerden, an die Hingabe und an das Vertrauen steht und zu dem verhilft, was ich für ein heiliges Dasein halte.

Ich weiß, der Satz „Holiness is wholeness – Heiligsein heißt Ganzsein" hat einen äußerst ernstzunehmenden und hilfreichen Sinn. Zugleich ist er aber der

Ausdruck des übersteigerten Anspruchs einer Überflußgesellschaft und stimmt sehr oft einfach nicht. Ich kenne sehr viele gebrochene und neurotische Ordensleute (ich selber gehöre ja auch dazu!), die oft gerade wegen ihrer Gebrochenheit so weit gekommen sind, sich in die Mitte zurückzufallen zu lassen, sich ganz auf die Gnade zu verlassen, und die Quellen des sich erbarmenden Gottes zu entdecken.

Was ich damit sagen will, ist: Wenn das Ordensleben eine Alternative zu unserer Gesellschaft sein soll, muß klar sein, was wir ablehnen. In der nachkonziliaren Zeit, in der so viel von der „weltlichen Welt" die Rede war, sind uns solche Worte wie „Ablehnung" und „Verzicht" peinlich geworden. Ich befürchte, das ist der große Kern Wahrheit, auf den sich so viele reaktionäre Typen berufen, die sich gegen eine Erneuerung der kirchlichen Ausdrucksformen sträuben. Wir haben angefangen, sehr vieles positiv zu bejahen, aber wir haben es versäumt, auf der anderen Seite auch klar und deutlich zu sagen, was wir ablehnen und in Frage stellen. So erkennt die Welt nicht deutlich, welche Werte uns als Gemeinschaft nun eigentlich wichtig sind. Die konservativen Kräfte distanzieren sich dann von der Integration, weil wir selbst sie nicht zustandegebracht haben.

Die gesamte Tradition der Bibel und des Ordenslebens sagt ganz klar, daß vom falschen Ich, das fixiert ist auf das Ego, auf Sicherheit, Karriere, private Selbstverwirklichung und dergleichen, eine ungeheure Gefahr ausgeht, die wirkliche Seele verschüttet zu lassen. Für das selbstfixierte Ich ist die Begegnung mit dem Absoluten immer eine Todeserfahrung. Wir müssen unbedingt das ganzen Getue um psychologische Selbstverwirklichung radikal in Frage stellen. Damit wir das aber können, müssen wir uns vorher mit einem Idol auseinandersetzen, mit dem wir durch eben dieses Getue konfrontiert werden und das allen unter uns, die sich um Erneuerung und Neuanfang bemühen, nur zu bekannt ist. Dieses Idol muß klarer und deutlicher beim Namen genannt werden.

Alle Loslösung dient dem Ziel, uns zu einer leidenschaftlicheren Hingabe zu befähigen. Das Idol, das falsche Ich muß sterben, damit das wahre Ich zur Geltung kommen kann. Wir lehnen etwas ab, damit wir etwas anderes umso hingebungsvoller in die Arme schließen können. Was ist dieses andere? Von ihm muß unser Leben, das Leben jedes einzelnen und das Leben unserer Gemeinschaft klar und deutlich sprechen, es muß öffentlich und ohne falsche Scheu davon sprechen: daß wir *Gott* lieben. Unsere Liebe zu unserer Arbeit, unsere Liebe zum Leben, unsere Liebe zu anderen Menschen – alles muß zu denen, die zu hören verstehen, von unserer Liebe zu Gott sprechen.

In den Anfängen unserer geistlichen Entwicklung aber – und darin befinden die meisten Menschen sich – müssen wir von dem, den wir lieben und der uns liebt, ausdrücklich sprechen. Nicht nur verschlüsselt im Ritual, nicht nur indirekt in geeigneten Formen und Taten, nicht nur mittels eindrucksvoller Zitate und Sprüche, sondern ganz persönlich, unter vier Augen, ganz offen und ehrlich, wahrhaftig, mit allen Zweifeln und aller Sehnsucht.

Die Armen sind unsere Lehrmeister

Alle Aussagen Jesu, seine Lebensart und die Weise seines Dienens, zeigen ganz klar, wie man das Evangelium lernen muß: Vorzugsweise aus der Perspektive der untersten Schichten der Gesellschaft. Die größten Reformer und die Gründer des Ordenslebens waren immer Frauen und Männer, die diese Perspektive nie verloren hatten oder neu entdeckt haben. Von da her verstanden sie es, die richtigen Fragen zu stellen, Scheinprobleme beiseite zu lassen und die Quellen wirklicher Überzeugungskraft, Sicherheit und Heiligkeit freizulegen. Wer immer oben schwimmt, wer immer nur eine privilegierte Stellung genießt, der muß zu viel verteidigen, um noch unkonventionelle, phantasievolle Fragen stellen zu können. Die „Reichen", wie Jesus sie nennt, hungern und dürsten nach nichts Neuem. Sie sorgen und ängstigen sich allein um den Status quo. Das Leben, an das sie sich gewöhnt haben, wird zur alles bestimmenden Norm und schränkt ihre Wahlmöglichkeiten ein. Das gilt für den Bereich der Religion genauso wie für Handel und Wirtschaft, Politik und Erziehung. Und darin liegt auch erwiesenermaßen eine ständige Gefahr für jede Gruppe religiöser „Hauptamtlicher". Es ist die Gefahr, „Sonderkasten", „Kleriker", einen Klerus zu schaffen.

Das Ordensleben, besonders das der Männer, muß sich die Freiheit erhalten, sich in der Kirche immer als „eine Struktur von unten her", als ein Element der unteren Schichten verstehen zu können und die Sicht der armen und einfachen Menschen in die Kirche einzubringen. Wo immer möglich, muß es bereit sein, sich auf die Seite der Ohnmächtigen, der Nicht-Kleriker zu stellen und eine andere Perspektive als diejenige der Macht, des Gesetzes, der Ordnung und der Kontrolle einzubringen. Ich bin der Überzeugung, daß dies der soziale Grund für das Gelübde der Armut gewesen ist, für den Wunsch vieler Brüder-Gemeinschaften, eine Laien-Organisation zu bleiben und für den weisen Entschluß meines eigenen Ordensvaters, des heiligen Franziskus, sich nicht zum Priester weihen zu lassen. Die großen weisen Menschen scheinen zumindest intuitiv um die große Gefahr gewußt zu haben, daß sich alle Perspektiven verfälschen, wenn man die Welt aus dem Blickwinkel der Macht betrachtet. Alle diese Gemeinschaften, die sich ausdrücklich die Namen „Minderbrüder", „Minimiten" (*) oder „Kleine Brüder oder Kleine Schwestern von..." gegeben haben, sind ja ein sehr deutlicher Hinweis darauf.

Praktisch und ganz einfach gesagt: Wir brauchen den engen und direkten Kontakt zu den Armen, und zwar nicht in erster Linie, um ihnen zu helfen, sie zu belehren, sie zu bestärken oder Katholiken aus ihnen zu machen, sondern um zunächst einmal von ihnen zu lernen, wie denn die eigentlichen Fragen lauten, worauf wir achtgeben müssen und wo und wie wir kraft unserer Berufung Not und Unterdrückung teilen müssen. Dort hat Gott die beste Chance, an uns heranzukommen! Wir brauchen sie mehr, als sie uns brauchen! Man nennt das zu Recht die „umgekehrte Mission".

Normalerweise meint man immer, unsere Berufung bestehe darin, den Armen und Unterdrückten zu helfen. Aber ich bin der festen Überzeugung, daß uns Jesus gar nicht in erster Linie dazu beruft. Soweit ich sehe, hat Jesus eher den Schwerpunkt darauf gelegt, die Unterdrücker von ihrem Wahn zu befreien, als die Unterdrückten. Wenn die Unterdrücker geheilt werden, dann lösen sich die Probleme der Unterdrückten von alleine. Wenn Jesus zu den Aussätzigen, den Behinderten, den Huren, den Randgruppen der Gesellschaft geht, dann, um deren Gesellschaft zu erleben und Ermutigung zu

* eine Reformgruppe der Franziskaner im 16. Jahrhundert, d.Ü.

erfahren. Immer wieder sagt er, wenn er unter ihnen ist: „Nirgends habe ich so großen Glauben gefunden!", „Geh, du bist geheilt!" und „Selig seid ihr!" Doch wäre es falsch, zu sagen, Jesus habe sich nie mit den Reichen und Bevorzugten abgegeben. Im Gegenteil: Er hat sich gern von ihnen sogar zum Essen einladen lassen und war oft in ihrer Gesellschaft. Aber in fast jedem Fall kann man aufzeigen, daß er immer die Gelegenheit genutzt hat, sie in Frage zu stellen. Unsere Aufgabe ist es, Brückenbauer zu sein; aber wir müssen dazu das Handwerkszeug der Armen souverän beherrschen.

Gemeinschaften der Gerechtigkeit

Wenn wir uns über die Reform unserer Gemeinschaft Gedanken machen, sollten wir nicht von der Frage ausgehen: „Wie können wir (aus unserer gesichert privilegierten Position heraus) den Armen (in ihrer unterlegenen Position) durch Werke der Nächstenliebe helfen?" Weder die Welt noch die Armen betrachten das heutzutage noch als Nächstenliebe; sie haben eher den Verdacht, hier werde unbewußt ein Unrechtszustand und die eigene spirituelle Überlegenheit verewigt. Wenn die Welt nicht nach den Maßstäben wahrer Gerechtigkeit umgebaut wird, läßt sie sich von der Nächstenliebe nicht beeindrucken. Die Welt braucht und will nicht mehr unsere gelegentlich recht selbstgefällige Nächstenliebe, solange diese die sozialen Probleme lediglich bemäntelt oder sogar noch vertieft. Die ätzende Kritik der Welt legt in diesem Fall den Finger schonungslos auf einen wunden Punkt.

In der Welt, und hoffentlich auch in der Kirche, ist der Boden bereitet für Gemeinschaften, in denen die Gerechtigkeit wahr wird, für Gemeinschaften, die von den Armen etwas gelernt haben und die deshalb der übrigen Welt und der blinden Kirche etwas Wesentliches beizubringen haben. Nur Gemeinschaften, die sich radikal auf Gerechtigkeit gründen und berufen, werden genügend Überzeugungskraft besitzen, um den großen Sozialbewegungen unserer Zeit das Evangelium erschließen zu können. Alle – die Frauen, die Minderheiten, die Behinderten, die Homosexuellen, die ethnischen Gruppierungen, die Friedensbewegungen – durchschauen recht deutlich die Mechanismen sozialer Vormacht und Herrschaft. Sie haben mit der institutionalisierten Gewalt und mit der verborgenen Gewalt patriarchaler Gesellschaften genügend schlimme Erfahrungen gemacht. Männer und Frauen in diesen Bewegungen, die gründlich nachdenken und religiös wach sind, werden sich uns nie anschließen oder an unserer Seite kämpfen, wenn sie den Eindruck haben, wir seien eher ein Teil des Problems als ein Teil seiner Lösung. Ich glaube, sie sollten das auch gar nicht.

Wenn wir weiterhin nur als Gemeinschaften existieren, die „Nächstenliebe" üben und eine Reihe mildtätiger Dienstleistungen verrichten, dies alles aber nicht auf wirkliche Gerechtigkeit gründen, bleiben wir immer noch in den alten Machtstrukturen und Gewaltprinzipien befangen, von denen uns Jesus befreien wollte. Denn Gott „hat die Fürsten und Gewalten entwaffnet und öffentlich zur Schau gestellt; durch Christus hat er über sie triumphiert" (Kol 2,15). Unser Land hat genug durchgemacht, um nicht den Unterschied zwischen dem Eigenbedürfnis nach Sicherheit und echtem Füreinander-Dasein deutlich zu erkennen. Noch einmal: Ich möchte unterstellen, daß darin der geschichtliche und nachhaltig soziale Sinn des Gelübdes der Armut besteht. Das klingt vielleicht allzu franziskanisch, aber in einer von ökonomischen Interessen besessenen kapitalistischen Gesellschaft wie der unsrigen muß ein von Grund auf erneuertes Ordensleben den Dämon „Geld" klipp und klar beim Namen nennen und unnachgiebig austreiben. Alle spirituell wachen Menschen werden uns nicht billiger davonkommen lassen, und genau diese Menschen sind es, die wir für unsere Lebensart interessieren müssen, wenn wir weiterhin dieser amerikanischen Kultur das Evangelium nahebringen wollen. Doch damit kommen wir zum nächsten Punkt.

Unserer Kultur das Evangelium nahebringen

Unsere Kultur spricht unbewußt und unkritisch die Sprache des Individualismus. Oft sind wir uns nicht einmal mehr bewußt, daß es auch noch eine andere Art und Weise gibt, zu sprechen, zu denken und zu beten. Die meisten von uns, sogar Katholiken und vor allem die jüngeren amerikanischen Katholiken, wissen gar nicht mehr, daß es eine „andere Art Sprache" gibt, die in Erinnerungs- und Hoffnungsgemeinschaften noch gesprochen wird. Es gibt eine echte Alternative zu den Enklaven von Sonderlingen, die ihren speziellen Lebensstil pflegen und denen es in erster Linie um Gefühle und individuelle Selbstverwirklichung geht. Zur Zeit der großen katholischen Synthese, die vermutlich ihren Höhepunkt im dreizehnten Jahrhundert hatte, glaubte man noch an das Prizip des „bonum commune", des „gemeinsamen Wohles"; man war der Überzeugung, die Formen des Ordenslebens seien eine „andere Art Sprache", die nicht nur den individuellen

Seelen, sondern auch der Seele der Gesellschaft als ganzer etwas Wichtiges zu sagen habe.

Sollte irgendeine unserer Kommunitäten mit Erfolg diese Krise der Neubegründung bestehen, so vermute ich, daß sie sich selbst als Träger einer befreienden Botschaft für unsere heutige Kultur verstanden hat und auch von außen als solche verstanden wurde. Ihr Adressat wäre nicht nur das Individuum in der Kirche; sie würde nicht nur Individuen Hilfe zum Verständnis ihrer eigenen Rolle, zu ihrem persönlichen Wachstum oder ein Heimatgefühl bieten, sondern sie würde das ganze Zeitalter und die augenblickliche Situation ansprechen. Strukturen, die ein Gefühl sicherer Zugehörigkeit vermitteln, sind vor allem für solche Menschen attrativ, die ein nur schwach ausgebildetes Identitätsgefühl haben, die nicht von sich aus Initiativen ergreifen, sondern eher passiv und passiv-aggressiv sind – für Leute, die niemals richtig Familie erlebt haben oder aus zerrütteten Familien kommen. Ich könnte mir denken, daß uns in den kommenden Jahrzehnten vorwiegend solche Mitglieder zulaufen werden, wenn wir uns allzusehr als Orte darstellen, die gemütliche Nestwärme, sichere Rollen und private Entfaltungsmöglichkeiten bieten.

Natürlich gibt es ein durchaus gerechtfertigtes und notwendiges Eigeninteresse, aber wir sollten die Menschen nicht in erster Linie darauf ansprechen. Wir müssen ehrlicherweise fragen, ob wir das in diesem Jahrhundert nicht weithin getan haben und warum wir heute so viele unzufriedene, antriebslose und passive Mitglieder in unseren Reihen haben. Wenn man schon dieses traurige Faktum konstatieren muß, so darf ich, selbst ein männlicher Ordensangehöriger, das wohl am ehesten in aller Freiheit tun – und keine andere Gemeinschaft würde das bereitwilliger zur Kenntnis nehmen und zur Sprache bringen, als die meine.

Um genauer zu sagen, was ich mit der Evangelisierung der Kultur meine, zitiere ich am besten einen Streiter für die Ideen des Zweiten Vatikanischen Konzils, Papst Paul VI.: „Die Aufgabe der Kirche besteht nicht nur darin, ihre Predigt des Evangeliums in immer weitere geographische Räume hinauszutragen oder immer größere Scharen von Menschen damit zu erreichen, sondern sie muß mit der Kraft des Evangeliums auch alle diejenigen Urteilskriterien, Wertmaßstäbe, Interessen, Denkvorstellungen, Inspirationsquellen und Lebensmodelle der Menschheit, die im Widerspruch zum Wort Gottes und zum Heilsplan stehen, in Frage stellen, ja umstürzen. Man könnte dies folgendermaßen sagen: Worauf es ankommt, ist, die Kultur des Menschen als solche und alle Kulturen zu evangelisieren, und zwar nicht nur dekorativ, als lege man nur ein dünnes Furnier darüber, sondern grundlegend, in der Tiefe und bis an die Wurzeln." *(Evangelii Nuntiandi 19–20)*

Diese Aufgabe läßt sich nur gemeinschaftlich lösen, und vor allem von Gemeinschaften, die aus der Erinnerung und der Hoffnung leben, die also in der Vergangenheit verwurzelt sind und aktiv die Zukunft mitgestalten wollen. Diese Aufgabe übersteigt die Möglichkeiten eines Einzelnen, denn dieser wird rasch zum Sonderling erklärt und an den Rand gedrängt, wird als inkompetent und unpatriotisch bezeichnet und ist zu wenig sichtbar. In einem gewissen und sehr realen Sinn ist das Ordensleben auf diese Aufgabe, nämlich als Verband an der Evangelisation zu wirken, viel besser eingestellt als die Kirche selbst.

Nachdem ich viele Jahre sowohl mit Diözesan- wie

mit Ordenspriestern Einkehrzeiten veranstaltet habe, ist es für mich ganz eindeutig, daß wir Ordensleute dank unserer Struktur und Gesetzgebung (und gelegentlich auch Ausbildung) über eine viel größere Freiheit verfügen, das Gesamtbild im Auge zu behalten. In der katholischen Kirche muß man sich nicht abkapseln und eine Religionsgemeinschaft wie die Amish oder die Quäker bilden, wenn man die Dinge mit radikal neuen Augen sieht; wir stellen einen Orden im Schoß der umfassenden Mutter Kirche dar. Aber wenn wir, die Ordensleute, nicht mehr zustande bringen, als einer bürgerlichen Religion das Evangelium nur mundgerecht zuzubereiten und die Leute darin zu bestätigen – wo bleibt denn da der Sauerteig, wo bleibt da das Neue, das wir zu bringen haben? „Wenn das Salz seinen Geschmack verliert, womit kann man es wieder salzig machen" (Matthäus 5,13)? Oder, wie Lukas es ausdrückt: „Achte darauf, daß in dir statt Licht nicht Finsternis ist" (Lukas 11,35).

Unsere Aufgabe besteht nicht nur darin, als Einzelne Gutes zu tun oder zueinander gut zu sein. Wir sollen nicht nur als Individuen gut sein, sondern wir sollen als Gemeinschaft gut sein. Unsere Aufgabe besteht nicht nur darin, einzelnen Menschen die frohe Botschaft zu verkünden, sondern wir sollen eine neue Wirklichkeit vorleben, in der die einzelnen Gutes tun und gut sein können. Unsere Strukturen müssen sichtbar machen, daß wir als Gemeinschaft eine ganz neue Art Freiheit leben, in der die Menschen spirituell schöpferisch und politisch risikofreudig leben können und in der die frohe Botschaft für alle sichtbar wird, vor allem aber für die Armen und Unterdrückten. Alle anderen Strukturen zeugen mehr von unserem Eigeninteresse als vom Reich Gottes.

Spielregeln für das Einssein

Wir alle wissen, daß das Einssein das Ziel ist; aber aus irgendwelchen Gründen war es weit weniger klar, daß das Einssein auch das Mittel sein muß. Man braucht sich nur vor Augen zu halten, wie wir die eindeutige Gewaltfreiheit der Lehre Jesu verkannt haben, und genauso seine Anweisungen zur Feindesliebe, zum Verzeihen und zum Mitleid. Bei zahllosen Gelegenheiten haben wir gemeint, hier träfen diese Spielregeln unmöglich zu. Von innerem Widerstand war nicht die Rede, der Eigenwille wurde verteufelt. Doch für den Christen lautet die einzige und endgültige Regel: Liebe. Das ist nicht notwendigerweise eine nachgiebige Liebe, aber die Anerkennung, daß keinerlei Liebe auf der Welt verloren ist, und daß wir die Aufgabe haben, sie ans Licht zu bringen, knallhart oder weich, ohne zu fragen, ob sich das lohne oder ob das Risiko zu groß sei. Wir sollen die Liebe in die Tat umsetzen und den Rest Gott überlassen.

Das wichtigste Studienfach, das wir jemals in dieser Welt belegen können, ist gewiß das der Liebe: ihre Stufen, ihre versteckten Formen, ihre Fehlformen, ihre Ausdrucksweisen, ihre Energien, ihre Ziele, ihr göttlicher Kern, ihre Dämonen. Jemand, der wirklich mit Christus in enger innerer Beziehung stehen, das Einssein mit ihm suchen und ihn der Welt nahebringen möchte, kann sich dieses Studienfach unmöglich schenken und sich stattdessen einer Laufbahn in der Kirche widmen oder sich mit der äußeren Einhaltung des Zölibats begnügen.

Ich kann hier die Frage nur anreißen: Ich glaube an das Charisma des Zölibats. Ich habe gesehen, daß es für die Kirche und für viele Individuen, die wirklich dieses

Charisma haben oder um diese Gnade gebetet haben, äußerst fruchtbar ist. Allzu bekannt sind aber auch die Zölibatäre, deren Leben ganz und gar nicht glücklich und für niemanden fruchtbar ist. Erfasse das statistisch, wer will. Ich will mir da kein Urteil erlauben.

Aber: Gibt es eine Form zölibatären Ordenslebens, die es unumgänglich macht, die Spielregeln der Liebe und des Einswerdens zu erlernen? Gibt es eine Lebensform, die nicht den Frauenverächtern Vorschub leistet, denen, die Angst vor der Intimität haben, den Homosexuellen, die um sich selbst kreisen, und denen, die sich den Ärger mit Kindern, Familie und persönlicher Verantwortung ersparen wollen?

Auf dem Hintergrund meiner Erfahrung als Beichtvater und geistlicher Leiter bei Exerzitien für Priester meine ich, folgende drei Dinge sagen zu können:

Erstens: Die glücklichsten und gesundesten Zölibatäre, die ich kenne, haben sich beharrlich und nicht immer „erfolgreich" auf das Risiko der Intimität eingelassen.

Zweitens: Die glücklichsten und gesündesten unter ihnen haben gewöhnlich langanhaltende und tiefgehende Beziehungen zu christlichen Familien als Familien.

Und Drittens – das schließt im Grunde die ersten beiden Punkte ein: Sie haben Mittel und Wege gefunden, ihr menschliches Bedürfnis nach leibhaftig-greifbarer Nähe und persönlicher Wärme zu erfüllen.

Ich würde mich nicht scheuen, offen vor den Papst zu treten und ihm zu sagen, daß ich außerhalb dieser Menschengruppe weithin unglückliche, sterile oder sogar neurotische Persönlichkeiten gefunden habe. Vielleicht ist meine Erfahrung falsch, aber ich muß das Risiko eingehen, sie mitzuteilen.

Für unsere grundlegende Erneuerung müssen wir eine Spiritualität finden, die den Zusammenhalt von Laien und Ordensleuten vorsieht, oder genauer: ein Beziehungsgeflecht von Familien und Zölibatären, das tiefgehende Freundschaften, Gebet, Kampf und Vergebung ermöglicht. Ich kenne keinen anderen Weg, um die Spielregeln für das Einswerden zu erlernen. Immer noch schwebt mir als lebendigste und schöpferischste Grundform eines kirchlichen Teams diejenige einer Partnerschaft von Zölibatären und Ehepaaren vor. Das sehen wir bei Paulus, der mit Priscilla und Aquila zusammenarbeitete, wir sehen es bei den Basisgemeinschaften in Lateinamerika, wir sehen es bei den Gruppen des „Marriage Encounter", und mir war es möglich, längere Zeit in der Gemeinschaft von New Jerusalem in Cincinnati und im Center for Action and Contemplation in Albuquerque leben zu können, wo die Leitung jeweils ein Ehepaar hat, das meine Arbeit in jeder Hinsicht teilt und unterstützt.

Möglicherweise mag meine Ansicht nicht praktikabel sein – denn ich weiß, sie führt zu vielen verwegenen Konsequenzen –: Aber auf alle Fälle halte ich die Ordensleute, die ihr ganzes Leben „im Haus" im sicheren Schoß von Mitgliedern ihres eigenen Geschlechts verbringen, ganz und gar nicht für überzeugende Beispiele für jene Ordensleute, die wir in Zukunft brauchen. Ihre Schattenseiten werden derart verdrängt und geleugnet, ihre Fähigkeit zu sozialem Verhalten und Einsatz ist derart armselig, ihre Empfindlichkeit derart wenig in Wind und Wetter des Lebens ertüchtigt, daß sie sich nur immer tiefer in die Isolation zurückziehen können, je mehr das Leben weitergeht. Darin kann nicht das Heil bestehen, das Gott uns versprochen hat. Wir müssen von Grund auf einen neuen Sinn für das Gelübde der

Keuschheit finden. Die Welt hat keine Ahnung mehr von der Reinheit, wir aber haben auch weithin keine Ahnung mehr von der Leidenschaft. Hier müssen beide Seiten voneinander lernen.

Die Berufung zu geistlicher Freundschaft

In einer Gesellschaft, die nur zwei Formen öffentlicher Rollen in der Welt anerkennt, ausprägt und unterstützt – Beruf und Karriere –, müssen wir eine dritte Form neu begründen und vorleben: die Berufung. Uns selbst und unserer Gesellschaft muß es klar sein, daß es bei uns um anderes und mehr geht als um Beruf und Karriere. Was wir sind und tun, muß einen tieferen Grund haben als denjenigen, daß wir uns selbst helfen oder eine Funktion ausüben oder etwas Praktisches tun wollen; bei uns darf es auch nicht nur darum gehen, Nächstenliebe zu praktizieren und bestimmte Dienste zu tun, oder Orte der Zugehörigkeit oder Enklaven eines erfüllenden Lebensstils zu schaffen.

Aristoteles, Cicero und Thomas von Aquin haben davon gesprochen. Wir bedürften einer dritten Ebene wahrer Freundschaft, auf der wir uns „gemeinsam dem Gemeingut widmen". Von da her glaube ich, daß das Ordensleben in unserer vom Nützlichkeitsdenken und Eigeninteresse besessenen Gesellschaft nur dann erneuert werden kann, wenn es nicht nur danach fragt, was gut funktioniert und was hilfreich ist, sondern danach fragt, was *ist*. Das bedeutet natürlich, daß man sich auf eine ernsthafte spirituelle Suche begeben muß, um die kontemplative Mitte zu finden, einen Ort spiritueller Objektivität, einen Ort gemeinsamen und individuellen Gutseins jenseits des bloß Psychischen, jenseits der Abwägung seiner jeweiligen Gefühle, jenseits dessen, was hier und jetzt für mich selber gut ist, jenseits der Widersprüche der amerikanischen Kultur, und, ja, auch jenseits des Prinzips: „Dem Reich Gottes ist alles förderlich, was der katholischen Kirche förderlich ist".

Das Gemeingut ist das Gemeingut für alle ohne Ausnahme, und auf der Suche danach darf man keine einzige heilige Kuh versteckt halten. Wenn das Reich Gottes das Absolute ist, dann ist alles andere relativ. Oder, wie Jesus gesagt hat, alles andere ist dann der „Rest", der uns „dazugegeben wird" (Matthäus 6,33). Das Ordensleben muß zuallererst einmal ein Leben für das Reich Gottes sein und darf nicht vorschnell zu einem Leben für einen Job in der Kirche werden. Denn das Reich Gottes ist sein objektiver Grund.

Wir gründen unser Leben auf eine Berufung, und deshalb können wir es nicht von den üblichen Gratifikationen der Macht, des Prestiges oder des Besitzes abhängig machen. Außerhalb der Welt der Berufungen geht es um Job, Karriere und passende Freundeskreise. Davor warnt Jesus ganz eindringlich, denn mehr als alles andere macht uns das für die Werte des Reiches Gottes blind und verstrickt uns in dasselbe System wie alle anderen Menschen auch. Nur noch die Worte sind dann ein bißchen anders.

Natürlich habe ich hier auf vieles keine Antwort gegeben. Aber ich hoffe, diese Überlegungen können wenigsten ein bißchen den Geist anstoßen und das Unbewußte für einige evangelische Träume aktivieren. Zumindest möchte ich hoffen, sie tragen dazu bei, daß wir die Hoffnungslosigkeit und Gleichgültigkeit überwinden. Gleichgültigkeit und Neutralität verfestigen immer den Status quo. Das Evangelium aber steht immer im Dienst der zukunftsfähigen Hoffnung. Wie käme es sonst, daß alle diese Visionen und Sehnsüchte schon die Herzen von Männern und Frauen in den Gemeinden und Kommunitäten des fünften und dreizehnten Jahrhunderts nicht zur Ruhe kommen ließen? Eine grundlegende Erneuerung muß möglich und wünschenswert sein; sonst würde Gott ein übles Spiel mit unseren ruhelosen Herzen treiben. Oder, um es in freier Nachahmung des Arguments des Johannes Duns Scotus für die Unbefleckte Empfängnis zu sagen: „Wenn es möglich und wenn es angemessen ist, dann geschieht es auch". Unser schwacher Geist sagt, es sei möglich, unsere wunden Herzen sagen, es sei angemessen – und so bitten wir jetzt Gott, es möge jetzt auch geschehen – und wenn es sein muß, durch uns.

Geist der Quelle, Geist des Gartens,
Laß nicht zu, daß wir in Falschheit enden
Und zum Gespött der Menge werden
Lehr uns sorgloses Sorgen umeinander
Selbst mitten im Geröll
Unser Friede ruht in seinem Willen
sogar hier mitten im Geröll…

SECHSTES KAPITEL

Von Gottes Gnade leben

Vertrauen, Verzweiflung und Versöhnung

Ein völlig anderer – und doch genau der gleiche

Jeder Tag unseres Lebens wird uns immer neu geschenkt. Da ist jemand, der uns jeden einzelnen Tag gibt. Ich weiß nur das eine sicher: Ich bin geboren, und gleichzeitig bin ich lediglich ein kleiner Bestandteil einer viel größeren Geburt. Ein ganzes Leben reicht nicht aus, um dieses Wunder zu begreifen.

Ich will erzählen, was sich bei mir bis jetzt abgespielt hat. Mitten im zweiten Weltkrieg bin ich als Kind einer Arbeiterfamilie in einer Kleinstadt in Kansas zur Welt gekommen. Damals war ich noch ganz und gar unvorbereitet auf das Leben, das mich erwartete. Doch jetzt, siebenundvierzig Jahre später, weiß ich, daß ich völlig anders geworden und doch noch genau der gleiche bin wie der kleine Junge, der ich damals war, und an den ich mich jetzt wie an einen fernen, aber ganz besonders guten Freund erinnere. Welcher Künstler hat mein Leben mit so kunstvoll spielerischer Hand gestaltet? Dieser Gott ist mein Ursprung und zugleich mein Ziel. Er ist jemand, dem ich erst noch begegnen muß, obwohl ich der festen Überzeugung bin, daß diese Begegnung zugleich ein Wiedererkennen und ein Neuentdecken sein wird. Das sagt mir alles um mich herum und in mir ganz eindeutig. Und der Glaube, der mich diesen geheimnisvollen Gott suchen und lieben läßt, scheint mir derselbe Glaube zu sein, der mich mich selbst suchen und lieben läßt. Jemand findet mich. Und ich kann nur staunen.

Ganz gleich, in welcher Religion oder Konfession wir aufwachsen, unsere Spiritualität ergibt sich aus unserer eigenen Lebenserfahrung. Die großen Traditionen geben nur dem einen Namen, die Konturen und ein klares Ziel, was unser Herz bereits aus anderen Quellen weiß. Damit sage ich nichts Neues oder Ketzerisches, sondern genau das, was schon Paulus an die Römer geschrieben hat:

„Seit Erschaffung der Welt wird Gottes unsichtbare Wirklichkeit an den Werken der Schöpfung mit der Vernunft wahrgenommen, seine ewige Macht und Gottheit" (Röm 1,20). Schon im Alten Testament heißt es im gleichen Sinn: „Dieses Gebot, auf das ich dich heute verpflichte, geht nicht über deine Kraft und ist nicht fern von dir. Es ist nicht im Himmel, so daß du sagen müßtest: Wer steigt für uns in den Himmel hinauf, holt es herunter und verkündet es uns, damit wir es halten können? Es ist auch nicht jenseits des Meeres, so daß du sagen müßtest: Wer fährt für uns über das Meer, holt es herüber und verkündet es uns, damit wir es halten können? Nein, das Wort ist ganz nah bei dir, es ist in deinem Mund und in deinem Herzen, du kannst es halten" (Dtn 30,11–14). Wir müssen in geistiger Wachheit das unauslotbare Geheimnis unseres eigenen Lebensweges betrachten, um Gott darin zu erkennen. Oder vielleicht auch anders herum: Es scheint, Gott läßt uns erst dann nahe an sich herankommen, wenn wir voll Liebe unser gesamtes Leben, einschließlich unserer Gebrochenheit, vor ihn bringen. Aus diesem Grund ist die Frohe Botschaft wirklich eine frohe, neue Botschaft. Sie sagt, daß absolut nichts umsonst und verloren ist.

Wenn jemand klar von Gott reden kann, dann vermute ich, daß diese Fähigkeit in einer behüteten Kindheit ihre Wurzel hat und grundgelegt ist. Hier wurde ein Grundvertrauen geweckt, das weiß: „Auf die Wirklichkeit kann man bauen. Im Kern ist sie gut. Trotz aller Anzeichen, die genau das Gegenteil zu sagen scheinen, ist das, was ist, doch in Ordnung". Der große Franziskanertheologe Bonaventura hat das so gesagt: „Sein und Gutsein ist dasselbe. Nur mit Worten macht man einen Unterschied." Diese Behauptung ist weder logisch richtig, noch psychologisch einsichtig. Es braucht die Gnade, um die Welt so sehen zu können. Manche nennen es auch Glauben, Hoffnung oder Liebe. Ganz sicher aber setzt an diesem Punkt jeglicher fruchtbare geistliche Weg an. In der katholischen Tradition werden Glaube, Hoffnung und Liebe als die „drei theologischen Tugenden" bezeichnet. Damit soll zum Ausdruck gebracht werden, daß bei ihnen die Quelle und das Ziel ein und dasselbe, derselbe sind – nämlich Gott. Diese Tugenden erarbeitet man sich nicht, wählt sie oder erringt sie nicht. Sie sind ein Geschenk an die, die bitten, warten und sie annehmen. Solange jemand Glaube, Hoffnung und Liebe nicht als Grundlage empfangen hat, ist seine Religion weithin Fassade, Vorwand oder Zeitverschwendung, ist eher Teil des Problems als Teil der Lösung.

Solange Gott nicht diesen grundlegenden Akt des Vertrauens in uns geweckt hat, des Vertrauens auf uns selbst, auf andere, auf die Welt des Geschaffenen, macht man sich etwas vor, täuscht sich selbst und andere, wenn man davon redet, man vertraue auf den „Gott da droben". Einem solchen Satz fehlt dann noch jede konkrete Bedeutung, und die Religion, die sich daraus ergibt, führt in verschiedene Spielarten des Legalismus, des Pharisäismus oder der Angst, die alle dazu dienen, unseren grundsätzlichen Mangel an Vertrauen auf etwas oder jemanden zu verbergen. Die Tugend des Glaubens ist etwas Ganzheitliches. Man kann nicht sich selbst verabscheuen und gleichzeitig ein tiefes Gottvertrauen haben. Das zeigt, daß man in Wirklichkeit noch gar nicht in die Schule gegangen ist, in der man das Gottvertrauen lernt: in die Schule der scheinbar unüberbrückbaren Widrigkeiten. Man kann nicht einen bestimmten Menschen wirklich lieben, ehe man nicht gelernt hat, die Menschen grundsätzlich zu lieben. Die Liebe ist, im Gegensatz zur bloßen Sympathie oder Schwärmerei, eine Gabe, die sich aus Gottes reinem Sein ergibt; sie wird nicht bei manchen geweckt und anderen vorenthalten. Sie *ist* schlechthin und stellt nicht nur einen Gegenstand dar, der unsere Bedürfnisse befriedigt. Und die Hoffnung ergibt sich nicht aus Erfahrungen, daß sich die Dinge so ereignen, wie wir das gern gehabt hätten. Wenn unsere Hoffnung mit den äußeren Umständen steht und fällt, ist das keine echte Hoffnung. Paulus sagt deshalb treffend im Römerbrief: „Bedrängnis bewirkt Geduld, Geduld aber Bewährung, Bewährung Hoffnung. Die Hoffnung aber läßt nicht zugrundegehen; denn die Liebe Gottes ist ausgegossen in unsere Herzen" (Röm 5,3–5).

Es gibt zwei spirituelle Übungen, die mir helfen, ehrlich zu bleiben und weiter zu wachsen: Das kontemplative Gebet und das Betrachten der Dinge von unten her. Was das erste betrifft, so wurde ich von meinen ersten Tagen als Franziskanernovize an ermutigt, das kontemplative Gebet zu üben. Aber erst vor einigen Jahren erhielt ich eine einjährige Beurlaubung, um mich dieser Seite meiner Berufung voll widmen zu können. Das war ein entscheidender Wendepunkt. Nach einer Phase dreißigtägigen Alleinseins in der Einsiedelei Thomas Mertons in Kentucky verbrachte ich das übrige Jahr in unserem Franziskaner-Noviziatshaus in Cincinnati. Als Leitspruch nahm ich mir den einfachen Satz vor: „Denk nicht. Schau nur hin." Father McNamara hat die Kontemplation definiert als „liebevolles Anschauen der Wirklichkeit". Das hat mich tatsächlich verwandelt. Die Welt, meine eigenen Probleme und Verwundungen, alle meine Ziele und Sehnsüchte bekamen nach und nach ihren angemessenen Stellenwert. Gott leuchtete allmählich aus allem hervor.

Wir können uns Gott nicht verdienen, wir können ihn nicht herbeizwingen. Wir können nur eines tun: uns nicht länger mit uns selbst den Weg verstellen. Wir müssen die Illusionen und fixen Ideen des falschen Selbst fahren lassen. Wenn diese wacklige Fassade wegbricht, steht die Seele in ihrer vollen Schönheit da. Die Seele, unser wahres Selbst, kann man nicht erschaffen; man kann auch nicht an ihr herummodellieren. Sie ist erwacht. Es gibt sie, und es gibt sie schon länger. Die Seele ist das in mir sprechende „Ich bin" Gottes. Dieser Teil meiner selbst kennt, ersehnt und sucht schon immer von ganzem Herzen Gott. Dieser Teil meiner selbst weiß, wie man ganz natürlich betet. Hier scheinen mein „Ich" und Gottes „Ich" ein einziges Ich zu sein. Wir müssen nur noch eines tun: das falsche Selbst vergessen. Kämpfen Sie nicht grimmig gegen Ihr falsches Selbst an, verabscheuen Sie es nicht, würgen Sie es nicht ab. Schauen Sie ihm ganz einfach zu und lassen Sie es los. Wenn Sie Ihr eigenes „Haus" loslassen, entdecken Sie mit einem Mal, daß Sie an einem Ort leben, der „völlig anders und doch genau der gleiche" ist. Merton nannte ihn „den Palast von Nirgendwo" und Jesus bezeichnete ihn als „das Haus seines Vaters". Das ist der einzige Ort, an dem Sie wirklich in alle Ewigkeit werden leben wollen.

Ich bin noch nicht dort, aber trotz meiner selbst drängt und treibt es mich dorthin. Jemand da draußen – und da drinnen in mir – liebt mich, und er liebt durch mich. Weiterhin wird mir jeder Tag neu geschenkt. Und ich kann nur staunen.

Die Verzweiflung beim Namen nennen

In meiner ersten religiösen Erziehung wurde mir beigebracht, zwei Sünden seien besonders verrucht und geradezu unverzeihlich: die Anmaßung und die Verzweiflung. Damals wußten wir noch nicht, daß man etwas gerade dann fördert und ins Kraut schießen läßt, wenn man es zu früh verdrängt. In unserer Unfähigkeit, bestimmte Gefühle zu spüren, zuzulassen und beim Namen zu nennen, wußten wir gar nicht, daß wir sie hatten. Und so hatten sie uns – und wir waren uns ihres Umfangs, ihrer Struktur, ihrer Macht und Energie gar nicht bewußt. Vorschnell etwas zu verurteilen bedeutet gewissermaßen, seine Nervenspitzen zu töten. Dann spürt man zwar keinen Schmerz mehr, wenn man aber den Schmerz nicht mehr spürt, merkt man auch nicht mehr, wenn man zu nah ans Feuer kommt und zieht sich viel größere Brandwunden zu. Der Schmerz und die „Sünde" sind vermutlich unsere besten Lehrer und Beschützer. Wir täten besser daran, die Menschen dazu zu ermutigen, die Wirklichkeit zu spüren, zu erleiden und auf sie zu hören, statt ihnen vorschnell zu sagen, sie sollten ihr aus dem Weg gehen. Aber wir versuchen immer wieder, ihnen ihre Hausaufgaben abzunehmen, die sie doch auf jeden Fall selbst machen müssen.

Der Gott der Genesis ist da viel weiser: „Gott, der Herr, formte aus dem Ackerboden alle Tiere des Feldes und alle Vögel des Himmels und führte sie dem Menschen zu, um zu sehen, wie er sie benennen würde. Und wie der Mensch jedes lebendige Wesen benannte, so sollte es heißen. Der Mensch gab Namen allem Vieh, den Vögeln des Himmels und allen Tieren des Feldes" (2,19–20).

Gottes erste Handlung nach der Erschaffung Adams und sogar noch vor der Erschaffung Evas, war, Adam die Vollmacht zu erteilen, die Schöpfung Gottes aus eigener Erfahrung kennenzulernen und allen ihren Wesen einen Namen zu geben, jedem gemäß seiner individuellen Eigenart. Er sollte sowohl mit den Haustieren als auch mit allen sogenannten „wilden" Tieren Bekanntschaft machen. Wir aber meinten später, es besser zu wissen: Man könne doch den Leuten die wilden Tiere ersparen. Und so bezeichneten wir sie unverzüglich als gefährlich, als schlecht, als *sündig*. Früher dachte ich, die Kirche tue das aus dem gütigen, umsichtigen Wunsch heraus, ihre Kinder zu schützen und von solchen Dingen freizuhalten. Jetzt weiß ich, daß dahinter eher der Wunsch nach Kontrolle steckt, und dieser Wunsch wiederum wird von einem anderen uneingestandenen Gefühl genährt: von der Angst.

Eine der traurigen Wirkungen dieser Verdrängung und Verleugnung ist es, daß sich in das Leben vieler Ordensleute und ernsthafter Christen unerkannt ein beträchtliches Maß an Verzweiflung einschleicht. Sie macht sich bemerkbar als depressiv getönte Grundstimmung, als Mangel an spontaner Freude, als herbe Kritiksucht, ja als Zorn und Wut – und das alles, weil uns insgeheim die Hoffnung abhanden gekommen ist und wir das nicht zugeben wollen.

Manchen ist es passiert, daß ernsthafte Beziehungen in Scheidung oder Verrat zerbrochen sind; andere mußten erleben, daß sich ihre hochgesteckten Erwartungen in ihre eigenen Fähigkeiten nicht erfüllten; viele haben sich gegen soziale Not eingesetzt, die dennoch nur schlimmer geworden ist. Junge Menschen haben sich Gruppen oder Kirchen angeschlossen, die steril oder destruktiv wurden; viele befällt angesichts der weltweiten Armut und des massiven Militarismus Hoffnungslosigkeit; viele erleben den Zusammenbruch von Sinn- und Familienstrukturen und von menschlichen Beziehungen.

Es sollte niemand sagen, es sei ungerechtfertigt und übertrieben, wenn ich behaupte, unter unseren unseren Zeitgenossen greife zunehmend die Verzweiflung um sich. Die Fakten reden da eine eindeutige Sprache: 1940 ergab eine Umfrage bei den Direktoren von Public Schools, die größten disziplinären Schwierigkeiten seien: „Schwätzen, Kaugummikauen, Lärmmachen, durch die Gänge Rennen, aus der Reihe Tanzen, unziemliche Kleidung und das Wegwerfen von Abfall". 1986 ergab eine entsprechende Umfrage unter Erziehern: „Vergewaltigung, Raub, Überfall, Diebstahl, Brandstiftung, Bombenwerfen, Mord, Selbstmord, Drogen- und Alkoholmißbrauch, Bandenkrieg, Schwangerschaft, Abtreibung und Geschlechtskrankheiten". Es besteht nicht nur aller Grund zur Verzweiflung, sondern man muß geradezu fragen, ob jemand, der keinerlei Verzweiflung empfindet, überhaupt noch realitätsbezogen und verantwortlich in dieser Welt lebt.

Aber wir Christen glauben ja an die Auferstehung. Müssen wir folglich nicht glücklich und optimistisch sein? Diese falsche und oberflächliche Auffassung von Hoffnung ist vermutlich genau das, was uns vor allem so zur Verdrängung verleitet hat. In Wirklichkeit sind wir offensichtlich dazu verurteilt, alles Schwere deutlich zu spüren und die Verzweiflung am eigenen Leib zu erfahren. Wenn wir uns darauf einlassen, legt das zweifellos die Angst frei, sprengt die falschen Kontrollen, läßt wahrscheinlich in uns eine neue Form von Kraft entstehen – vorerst aber tut es höllisch weh.

In den letzten Jahrzehnten haben wir gelernt, daß wir Sterbephasen durchstehen müssen. Wenn wir Freunde, Verwandte, geliebte Menschen verlieren, müssen wir „Trauerarbeit" leisten. Den Tod kann man nicht mit schnellen Antworten, frommen Platitüden oder zusammengebissenen Zähnen bewältigen. Das Sterben muß man bewußt zulassen, durch vorhersagbare und notwendige Phasen hindurch. Die Sterbenden selbst, die in Würde sterben wollen, müssen es zulassen, und auf ihre Art müssen es auch diejenigen zulassen, die die Sterbenden lieben. Elisabeth Kübler-Ross hat uns geholfen, diese Phasen beim Namen zu nennen: das Abstreiten, das Aufbegehren, das Feilschen, die Depression und schließlich das Akzeptieren.

Ich vermute, die Verzweiflung ist eine Spielart des Leidens und Sterbens. Dabei geht es nicht in erster Linie um den Verlust eines bestimmten Menschen, sondern um den Verlust von Idealen, Visionen und Zukunftsplänen. Für Menschen, die ihre Zukunft oder ihre Hoffnungen an bestimmte Sterne hängen, ist es bitter und vernichtend, wenn diese Sterne untergehen.

Gewöhnlich geht es ganz langsam, bis wir erkennen, daß sich unsere Träume nicht erfüllen, daß wir unsere Unzulänglichkeiten spüren und merken, daß uns die „Sünde der Welt" (Joh 1,29) voll im Griff hat. Dann sehen wir uns gezwungen, unsere Idealvorstellungen fahren zu lassen: Idealvorstellungen, die wir uns in unserer Jugend aufgebaut hatten, Idealvorstellungen, die unser Bild von uns selbst bestärkt und beflügelt haben. Den Zusammenbruch unserer Idealbilder erfahren wir als das Sterben unseres Geistes, als den Verlust unserer Hoffnung, als Finsternis, die fast unerträglich ist. Viele, wenn nicht die meisten, bleiben dann bei ihren alten Worthülsen, die nun auch in ihren eigenen Augen zu bloßen Klischees verkommen sind, sie werden darüber verdrossen und sarkastisch.

Spirituelles Wachstum jedoch besteht darin, bereitwillig seine Idealvorstellungen gegen die Wirklichkeit einzutauschen. Das ist eine endlose Bekehrung, eine Selbstentblößung, mit der man nie an ein Ende kommt. Man muß dabei alle Vorstellungen von sich selbst, von anderen und von Gott, die man selbst entworfen hatte und die nur im Dienst des eigenen Ich gestanden hatten, fahren lassen. Wer lieber seine Idealvorstellungen verehrt, statt sich auf die Wirklichkeit einzulassen, bleibt in seinem spirituellen Wachstum schlicht und einfach stehen. Von da her gesehen, bekommt das Erste Gebot eine ganz neue Kraft und Wichtigkeit: „Du sollst dir kein Gottesbild machen und keine Darstellung von irgend etwas am Himmel droben, auf der Erde unten oder im Wasser unter der Erde. Du sollst dich nicht vor anderen Göttern niederwerfen und dich nicht verpflichten, ihnen zu dienen" (Ex 20,4–5).

Es scheint, viele Menschen, und besonders religiöse Menschen, halten sich lieber an bestimmte Gottesbilder als an die Wirklichkeit, hinter der sowohl die Verzweiflung lauert, als auch Gott wartet. Solange wir uns nicht auf diese Verzweiflung einlassen, merken wir nicht, daß unsere Hoffnung lediglich eine Hoffnung auf uns selbst ist, auf unsere Erfolge, auf unsere Fähigkeit, alles in den Griff zu kriegen, auf unsere eigene Vorstellung, wie die Vollkommenheit und Ganzheit aussehen sollten. Bevor wir uns nicht auf diese Verzweiflung eingelassen haben, entdecken wir nie die wirkliche Hoffnung, die jenseits aller menschlichen Möglichkeiten und Errungenschaften liegt. Zuerst müssen wir zulassen, daß unsere Idealvorstellungen zusammenbrechen und zerfallen, ehe wir jenseits von dem, was wie der Tod aussah, das wirkliche Leben entdecken. Das bezeichnen wir als das „Pascha-Mysterium". Es ist ein Zwischenzustand, in dem man auf etwas wartet, das sich jeden Augenblick zeigen kann: etwas im Keim schon Sichtbares und trotzdem noch Unsichtbares, wie Samenkörner, die erst noch zu Pflanzen werden müssen (vgl. Joh 12,24).

Das einzigartige Geschenk Gottes an denjenigen, der sich auf diesen Weg einläßt, ist die Hoffnung, die sich jenseits der Verzweiflung auftut. Diese Hoffnung gründet sich nicht auf dieses oder jenes Erfolgserlebnis, nicht auf narkotisierten religiösen Optimismus und nicht auf eine Zuversicht, die blind über alle Realitäten hinwegsieht. Es handelt sich um eine Hoffnung, die sich denjenigen eröffnet, die sowohl warten als auch gleichzeitig weitergehen. Das ist nicht irgendeine Hoffnung; es ist die Hoffnung schlechthin. Sie ist eine Gabe, die sich nicht auf Umstände und Erfolge gründet, sondern sie stammt aus der Grundüberzeugung, daß man sich trotz allem auf die Wirklichkeit verlassen kann, und sie wächst aus der Zuversicht, letztlich werde, entgegen allem Augenschein, doch alles von einer unendlichen Liebe getragen. Diese Liebe und Güte sei der Anfang und der Grund aller Wirklichkeit. Und diese Güte und Liebe werde siegen. Unsere englische Sprache macht den Zusammenhang zwischen „Goodness" und „God" besonders anschaulich: Sie läßt nur ein o weg und nennt das Gute Gott.

Suchen wir also die Hoffnung, diese Hoffnung jenseits der Verzweiflung. Die einzige Brücke dorthin ist das Warten und Wandern unter dem Geheimnis. Das heißt Glauben.

Mut zum Verzeihen

Die Wahrheit des Evangeliums befreit uns und nimmt uns gleichzeitig in Pflicht. Sie ist *der* Weg, und zwar *der* Weg, den wir immer noch nicht richtig gegangen sind. So bleibt sie für uns die Herausforderung, uns rückhaltloser auf Gottes Erbarmen einzulassen und uns furchtloser in jene Situation zu begeben, in der wir die Dinge nicht mehr in der Hand haben, ja sogar auf den Luxus verzichten, genau zu wissen, daß wir richtig liegen. Ich vermute, aus diesem Grund nennt man dieses Sich-Einlassen immer „Glauben", und aus diesem Grund scheint es immer wie ein „Nichts" zu sein: wie nichts, das wir uns selbst zuschreiben können, wie nichts, das wir selbst im Griff haben, wie nichts, wofür wir uns selbst die Schuld geben können. Wenn heutzutage unter Christen die echte Versöhnung etwas äußerst seltenes ist, dann deshalb, weil auch echter Glaube äußerst selten ist. Wir möchten immer „etwas" in der Hand haben, und sei es die Genugtuung, herzliches Einvernehmen mit einem Gegner herzustellen – der Glaube ist aber eben oft „nichts".

Wir wissen, daß, wer Frieden stiften will, oft erst einmal einen Konflikt anzetteln muß. „Wenn dein Bruder sündigt, dann geh zu ihm und weise ihn unter vier Augen zurecht" (Mt 18,15). Das hört sich nicht wie eine Aufforderung zur Versöhnung an. Ja, es hört sich nicht einmal „christlich" an, wenn wir unter „christlich" so etwas, wie „friedlich um jeden Preis" verstehen wollen.

Natürlich, das Ziel ist schon die Einheit und die Versöhnung, aber zunächst einmal besteht das Ziel im totalen Entblößtwerden. Nichts wirklich Neues kann sich ereignen, solange wir nicht imstande sind, erst einmal das Alte auszuräumen. Wir können nicht von Kopf bis Fuß neu eingekleidet werden, wenn wir alle unsere alten Sachen eigensinnig anbehalten wollen. Genau genommen geht es dabei um unser vorteilhaftes Bild von uns selbst und unsere Anhänglichkeit daran. Unser unsicheres Selbstwertgefühl versteckt sich nur allzugern hinter Prinzipien, verschanzt sich hinter moralischen Ansprüchen und zieht sich auf große zeitlos gültige Wahrheiten zurück. Aber gewöhnlich sind das alles nur Lumpen, in die wir uns hüllen: „Unsere ganze Gerechtigkeit ist wie ein schmutziges Kleid" (Jes 64,5). Solange wir nicht bereit sind, alle Hüllen abzustreifen und den Griff zu lockern, mit dem wir uns an unser verletztes oder positives Bild von uns selbst klammern, können wir unmöglich den ersten Schritt in Richtung Versöhnung machen. Wir hocken dann herum und beten unablässig darum, daß unsere eigene Rechtschaffenheit endlich ihre volle Bestätigung finde.

Wer den Mut zum Konflikt hat, der vertraut darauf, daß Gott in seinem Bruder und in seiner Schwester gegenwärtig ist. Wer es wagt, seine Wahrheit mit anderen zu teilen, der gibt zu, daß er vermutlich die volle Wahrheit oder das Gesamtbild nicht für sich allein gepachtet hat. Manchmal geht uns dann zu unserem eigenen Verdruß auf, daß wir die volle Wahrheit eigentlich gar nicht allen Ernstes kennen wollen. Es lebt sich mit unseren trostvollen Illusionen über uns selbst viel leichter, und wenn man sich selbst nicht so genau auf den Prüfstand stellt, kann man viel vollmundiger hehre moralische Prinzipien vertreten. Schlägt man dagegen den Weg der Demut und Niedrigkeit ein, den Weg, den das Lamm Gottes unerkannt und „ohne Schönheit" (Jes 53,2) gegangen ist, wird alles viel schwieriger und fragwürdiger.

Die Wahrheit wird uns *frei* machen, aber sie wird uns gleichzeitig auch *klein* machen. Wer nicht bereit ist, vor sich selbst ganz klein zu werden, der begegnet irgendeinem anderen Gott, aber nicht Jesus. Jesus reitet auf einem *Esel* und nicht auf dem hohen Roß in die heilige Stadt ein. Dort macht er „eine Geißel aus Stricken" (Joh 2,15). Er ist voller Zorn und zögert nicht, diesem Zorn klar und deutlich Ausdruck zu verleihen. Wir dagegen unterdrücken und verbergen unseren Zorn allzu oft, weil der so unchristlich zu sein scheint. Stattdessen verletzen wir unseren Bruder und unsere Schwester indirekt oder unter irgend einem wirren Vorwand. Weil sich das Böse oder die Sünde im Halbdunkel verbirgt, läßt es sich nicht beim Namen nennen oder verzeihen.

Aus meiner Zeit als Seelsorger in der Kommunität von New Jerusalem erinnere ich mich noch gut, daß gewöhnlich der jeweils aktuelle Gegenstand eines Streits gar nicht der Punkt war, um den es eigentlich ging. In einer christlichen Gemeinschaft ist es nämlich fast unmöglich, daß sich Machtanspruch, Ichsucht und Rechthaberei offen als solche zeigen, denn dann würden diese bösen Geister ja bald beim Namen genannt und ausgetrieben werden. Nein, „der Satan tarnt sich als Engel des Lichts" (2 Kor 11,14). Unsere unschönen Süchte präsentierten sich immer als Eifer für die Wahrheit und als das einzig Richtige. Oder noch besser, wir waren gar nicht „zornig“, sondern einfach bloß mürrisch und dickköpfig!

Wenn wir den Mut zum Leersein haben, wenn wir einsehen, daß wir uns an ein falsches Bild von uns selbst klammern, wenn wir unserem Zorn gesunden Ausdruck verleihen, dann tut sich ein gangbarer Weg zur echten Versöhnung auf. Gleichzeitig müssen wir einige positive Dinge bewußt wählen. Wir müssen klar und deutlich sehen, daß das Verzeihen und Einssein eine Sehnsucht ist, die Gott allen seinen Kindern ins Herz gepflanzt hat. „Selig, die Frieden stiften; denn sie werden Söhne und Töchter Gottes genannt werden“ (Mt 5,9). Wenn wir uns nach dieser Sehnsucht nicht sehnen, ist das ein Zeichen dafür, daß wir uns mit der Finsternis angefreundet haben und Gottes Geist nicht in uns ist. Doch „wir wissen, daß wir aus dem Tod in das Leben hinübergegangen sind, wenn wir die Brüder lieben. Wer nicht liebt, bleibt im Tod. Jeder, der seinen Bruder haßt, ist ein Mörder“ (1 Joh 3,14–15). Der Geist Gottes in uns weckt eine unaufhaltsame Sehnsucht nach Verzeihen und Versöhnung. Dieser Sehnsucht müssen wir folgen.

Ich bin so fest davon überzeugt, daß sich die Gegenwart des Geistes Gottes in der Form der Sehnsucht nach Versöhnung in uns bemerkbar macht, daß ich das gesamte Evangelium als die Entfaltung des Geheimnisses der Versöhnung deuten könnte. Das Verzeihen ist der Anfang, die Mitte und das Ende des Lebens nach dem Evangelium. Was uns zunächst einmal aufblühen läßt, ist die Energie der Erfahrung, daß uns verziehen worden ist. Unser schlaffer Geist wird von dieser Erfahrung (von der wir nicht einmal wußten, daß wir sie überhaupt brauchten) wieder aufgerichtet. Gottes Vorsehung und schließliches Erbarmen erweisen sich letztlich als abgrundtiefes Verzeihen.

Zacharias sagte ganz zutreffend in seinem prophetischen Gesang, Gott werde „sein Volk mit der Erfahrung des Heils beschenken in der Vergebung der Sünden" (Luk 1,77). Diese Erfahrung des Heils zu *empfangen* ist genauso wichtig, wie sie anderen zu *schenken*. Auf beiden Seiten der Gleichung weiß man, daß man es mit einem Leben und einer Kraft zu tun hat, die nicht aus einem selbst stammen. Wenn man Vergebung gewährt (unverdient, aus freien Stücken, umsonst) und wenn man Vergebung empfängt (unverdient, aus freien Stücken, umsonst), ist das in jedem Fall ausschließlich das Werk der ungeschaffenen Gnade. Es ist der großartigste Beitrag Gottes zur Neu-Erschaffung aller Dinge.

Ohne Vergebung kann sich nichts wirklich Neues ereignen. Ohne Vergebung wiederholen wir lediglich immer wieder die gleichen alten Verhaltensmuster, Illusionen und Halbwahrheiten. Zuweilen stellt sich die Gnade nicht unmittelbar ein, sondern wie Ijob sitzen wir „mitten in der Asche und nehmen eine Scherbe, um uns damit zu schaben" (Ijob 2,8). Manchmal kommen uns weder der Wunsch noch die Entscheidung, etwas zu verzeihen. Dann können wir nichts anderes tun, als zu trauern und zu warten. Wir müssen in unserer Armut ausharren und vielleicht sogar zugeben, daß wir unfähig sind, unserem Beleidiger zu verzeihen. In einer solchen Situation können wir das Beten und das „Hungern und Dürsten nach der Gerechtigkeit" (Mt 5,6) lernen.

Ich habe in christlichen Kreisen schon viel zu viel heuchlerische Vergebung und vorschnelle Versöhnung miterlebt. Das gleicht eher jenen flotten Lösungsstrategien, zu denen wir Amerikaner pragmatisch neigen, als einer geduldigen Aufarbeitung im demütigen Geist Jesu. Zu schnell bestätigt man sich da sein Bild von sich selbst als großherzigem Menschen, der nichts nachträgt, statt still das Geheimnis des Bösen und der Heilung auszutragen. Eine echte Vergebung, die vom Heiligen Geist inspiriert ist, befreit und heilt mindestens immer einen der beiden Betroffenen, ja im Idealfall beide. Wenn man sich bloß schnell wieder versöhnt, um moralisch wieder sauber dazustehen, bezweifle ich, daß da wirkliche Vergebung stattgefunden hat. Echte Vergebung verwandelt auch das Herz des andern, vor allem desjenigen, der mich beleidigt oder mir Unrecht getan hat. Ziemlich sicher hat schon jeder von uns einmal die Erfahrung gemacht, wie ihm jemand auf jene herablassende, hochmütige Art verziehen hat, die nicht befreit, sondern nur noch mehr innere Abneigung bewirkt. Der Geist Jesu würde so etwas nicht tun. Um es mit den Worten des Paulus zu sagen: Die Vergebung Jesu ist voller Geduld und Güte, sie prahlt nicht und heuchelt nicht, sie ist nicht grob oder selbstsüchtig; sie läßt sich nicht verletzen und trägt nichts nach. Echte Vergebung freut sich nicht an den Sünden anderer, sondern freut sich an der Wahrheit; sie ist immer bereit, zu entschuldigen, zu hoffen und alles zu ertragen (vgl. 1 Kor 13,4–7).

In unserer Kommunität von New Jerusalem in Cincinnati ließ ich über dem Haupteingang die Inschrift „70 × 7" anbringen. Neue Briefträger hielten das immer für die Hausnummer! In gewisser Hinsicht war das tatsächlich unsere Hausnummer. Es ist das Unterscheidungsmerkmal eines Volkes, das durch Christus zur Freiheit gefunden hat. Denn christliche Gemeinschaft ist nicht dort, wo man keine Vergebung braucht, sondern dort, wo Vergebung jederzeit gratis zu haben ist. Dort aber, wo sie nicht zu haben ist – und zwar täglich neu –, dort handelt es sich nicht um eine echt christliche Gemeinschaft.

SIEBTES KAPITEL

In dieser Welt als Christ leben

Ein Interview mit Richard Rohr

In den letzten fünf Jahren waren Sie maßgeblich am „Zentrum für Aktion und Kontemplation" beteiligt. Sie haben betont, daß beide Elemente dieses Namens gleichermaßen wichtig sind. Wie lassen sich Aktion und Kontemplation im Alltag eines Christen miteinander vereinbaren?

„Aktion" und „Kontemplation" sind in der katholischen Terminologie dic beiden klassischen Begriffe zur Bezeichnung der beiden Pole unseres Daseins. Thomas von Aquin hat gesagt, der wahre Christ sei nicht entweder ganz aktiv oder ganz kontemplativ, sondern er besitze die Fähigkeit, beides miteinander zu vereinbaren. Im Ordensleben hat man uns immer gesagt, unsere Aufgabe bestehe darin, Aktion und Kontemplation auf einen Nenner zu bringen: Wir sollten aktive Kontemplative oder kontemplative Aktive sein.

Ich bin heute mehr denn je davon überzeugt, daß die wahre christliche Lebenskunst darin besteht, diese zwei Verhaltensweisen zur Synthese zu bringen, sie also in einem einzigen Leben zu verwirklichen. Das gelingt nicht, ohne daß man viele Fehler macht, viel übt und viel betet. Außerdem pendelt man im Lauf seines Lebens unvermeidlich zwischen diesen beiden Extremen hin und her. Von einem bestimmten Lebensabschnitt wird man rückblickend immer sagen können, man sei darin offensichtlich eher aktiver oder eher kontemplativer gewesen als in anderen.

Was mich heutzutage mit Unbehagen erfüllt, ist die Beobachtung, daß man jetzt dazu neigt, jegliche innerliche Betätigung als „Kontemplation" zu bezeichnen. Das ist unfair und unrichtig. Innerliche Betätigung kann zwar zu einer kontemplativen Haltung führen, muß das aber nicht in jedem Fall. Ich beobachte mit Sorge, daß wir fast an einem Punkt sind, an dem wir jede Art von Bemühung um Innerlichkeit, In-Sich-Hineinschauen und Auf-Sich-Selbst-Achten mit Spiritualität verwechseln. Bei der Spiritualität handelt es sich aber um ein Werk der Liebe, und folglich immer auf irgendeine Art um ein Werk Gottes. Bei der Spiritualität geht es in erster Linie darum, alles Falsche abzulegen, und nicht so sehr darum, etwas Neues, Therapeutisches oder Hilfreiches zu erreichen. Inzwischen aber gilt die Gleichung: Sich um Innerlichkeit bemühen ist gleich Spiritualität – und das kann nicht wahr sein! Ein echt spiritueller Mensch zu sein bedeutet, die Geschichte in unser inneres Leben zu integrieren; zuerst genau hinzuschauen, was da draußen in der Welt vorgeht und dann nach innen zu schauen und beides auf produktive Weise miteinander in Einklang zu bringen. Sonst bleiben wir immer und ewig in dieser Aufspaltung zwischen „heilig" und „weltlich" befangen, kommen von der Vorstellung nicht los, daß „ein spiritueller Mensch sein" bedeute, ein „innerlicher Mensch" zu sein, wohingegen „weltliche Menschen" sich nur um die äußere Welt kümmerten.

Solche Innerlichkeit aber ist allzuoft nicht sehr viel mehr als Narzißmus und Nabelschau. Es kann sich dabei um höchst intensive Formen egoistischen Sich-Selbst-Pflegens handeln. Diese Selbstsucht kann dann noch einhergehen mit einer übersteigerten Vorstellung von sich selbst, man sei ein höchst spiritueller Mensch. Um dieses Phänomen muß es sich bei jenen Gurus handeln, die schließlich über eine Flotte von Cadillacs verfügen und ihre Jünger nach Strich und Faden ausbeuten.

Nachdem dies gesagt ist, möchte ich auf einen anderen Aspekt des Problems hinweisen, nämlich daß die Sünde unseres Landes vermutlich auf der anderen Seite der Gleichung liegt: Wir gehen in zu viel Aktivismus auf, ohne uns noch irgendwie um eine innerliche Bewältigung zu bemühen und ohne darüber nachzudenken; wir kommen fast nie mehr dazu, auf inneren Abstand zu gehen oder unser Gewissen zu erforschen. Das haben wir erst jüngst anläßlich der Tragödie des Golfkriegs gesehen. Mir erscheint es offensichtlich, daß die große Mehrheit unserer Bürger keinerlei innerliche Besinnung übt, keinen Sinn für innerliche Integration, für ein waches Bewußtsein, für ein scharfes Gewissen und für ein redliches, konsequentes Verhalten hat; sonst würde sie sich nicht immer wieder so leicht über den Tisch ziehen lassen. Die Leute haben den Chauvinismus, der ihnen mit den Abendnachrichten angedreht worden ist, ohne jede Kritik übernommen. Mir scheint, das kommt daher, daß man zu aktiv ist, zu sehr auf die äußere Welt fixiert, zu sehr an der Oberfläche der Dinge.

Ich habe das unlängst wieder gelegentlich der geradezu götzendienerischen Siegesfeiern in New York City und Washington D.C. beobachtet. Das sind Städte, in denen das Schulsystem zusammenbricht und Obdachlose und Hungrige in Massen auf den Straßen liegen – aber plötzlich hat man über Nacht zig Millionen Dollar auftreiben können, um einen militärischen Sieg zu feiern. Mir scheint das ein deutliches und obszönes

Beispiel dafür zu sein, wie dem amerikanischen Volk echte Innerlichkeit und Integrität abgeht.

Unsere Aufgabe als Christen besteht darin, beides zusammenzubringen – das Innere und das Äußere, das, was in Welt und Geschichte vorgeht und das, was in unseren Herzen vorgeht, Aktion und Kontemplation. Wir sollen den Menschen helfen, von einer inneren Mitte, von einem Gespür für Gott her wirksam diese Welt zu gestalten. Das ist unser Auftrag.

Ein anderer ganz wichtiger Aspekt dieser Bemühung um eine Integration von Innen und Außen ist die Fähigkeit, beide Seiten des Lebens gleich intensiv im Auge zu behalten. Wir müssen imstande sein, uns auf die Freuden und die Wunder des Lebens genauso tief einzulassen wie auf seine Schmerzen, Ungerechtigkeiten und Absurditäten. Ich möchte diese dunkle Seite des Lebens als die linke Hand Gottes oder das schmerzliche Geheimnis der Wirklichkeit bezeichnen. Meine jüngste Bekanntschaft mit dem Krebs ist dafür ein gutes Beispiel. Ich hatte gerade etliche Monate lang über das schmerzliche Geheimnis der Dinge gepredigt – und da langte es nach mir, packte mich und betraf mich ganz persönlich.

So geht das. Du bist in Topform, alles läuft wie am Schnürchen, und dann – zack – packt dich Gottes linke Hand, und du stehst jäh vor dem schrecklichen Leid und der Ungerechtigkeit und Absurdität, die in allem stecken, in deinem eigenen genauso wie im Leben aller andern um dich herum. Wenn du dann offen bist, treibt dich das an einen inneren Ort zurück, an dem du versuchen kannst, dem allem irgend einen Sinn abzugewinnen. Man kann dann wenigstens lernen, mit etwas Würde damit zu leben.

Wirkliches Aktivsein, wirksamer christlicher Einsatz bedeutet, intensiv beide Seiten des Lebens im Auge zu behalten. Dieser Blick auf beide Seiten führt einen mit Sicherheit zum innerlichen Leben zurück, zu einer kontemplativen Einstellung.

Hat man diesen kontemplativen Standpunkt gefunden, und ist man von diesem Punkt aus wirklich ganz auf Gott ausgerichtet, aufrichtig und ganz, dann spürt man den unwiderstehlichen Impuls, dem Leid in der Welt auf irgendeine Weise abzuhelfen. Stellt sich dieser Impuls gar nicht ein, so sollte man seiner Kontemplation nicht trauen. Das haben alle Heiligen der Kirche so gesehen und gesagt. Man hat dieses unendliche Leid vor Augen, und man möchte irgendetwas dagegen tun. Wenn man sich ernsthaft um die Integration von Aktion und Kontemplation bemüht, führt einen Gott dann auch an den Ort, an dem man seiner Berufung und Eigenart entsprechend solidarisch sein und sich engagieren kann. Fragwürdig wäre es, wollte man bloß ewig seine Träume analysieren und seine eigenen Tiefen ausloten und sich im Spiegel des Enneagramm seinen Typ bestätigen und ausdeuten lassen.

Vor zwei Wochen hatten wir in den Bergen über hundert Männer zu Einkehrtagen versammelt. Ich sagte zu ihnen, daß ich ihnen helfen könnte, sich ihrer Gefühle bewußter zu werden. Wir Männer in dieser Gesellschaft haben es weiß Gott nötig, mit unseren Gefühlen vertraut zu werden, und Gottseidank bemühen sich auch viele darum. Aber wenn man eine bestimmte Schwelle überschritten hat, was dann? Was tut man dann mit diesen Gefühlen? Wohin treiben einen diese Gefühle? Man muß dann wieder etwas Handfestes in dieser Welt anpacken und darf sich nicht nur noch im Selbstmitleid ergehen oder den lieben langen Tag lang seinen Gefühlen nachhängen. Um diesen Versuch, Praxis und Nachdenken fruchtbar miteinander zu verbinden, geht es in unserem „Zentrum für Aktion und Kontemplation". Wir möchten den Leuten helfen, diese beiden Extreme des Pendelausschlags miteinander in eine fruchtbare Synthese zu bringen, damit wir alle miteinander auf eine bessere Welt zusteuern, auf eine Welt, in der alle ganzheitlicher leben und neue Lebenskraft spüren. Keiner von uns hat das in seinem eigenen Leben schon vollständig erreicht, aber alle miteinander bemühen wir uns um dieses Ziel. Wenn der Leib mit seinen Gefühlen, die Seele mit ihrem inneren Leben und der Geist mit seinem gotterfüllten Zentrum zusammenwirken, treibt das zur Tat an. Dieses Grundmuster ist urbiblisch und hat umwandelnde Kraft.

In Ihren Vorträgen und auf Ihren Tonbändern betonen Sie immer wieder, wie wichtig es sei, ganz unmittelbar Kontakt mit den Armen, den Randgruppen, den Ausgestoßenen unserer Gesellschaft zu haben. Warum ist für Sie dieser Kontakt so wichtig?

Ich habe das Gefühl, daß die äußere Armut, Ungerechtigkeit und Absurdität, die wir vor Augen haben, wenn wir uns umschauen, ein Spiegelbild unserer eigenen inneren Armut, Ungerechtigkeit und Absurdität sind. Der arme Mann, die arme Frau da draußen weisen uns auf den armen Mann, die arme Frau in unserem Inneren hin. Es geht darum, das Mitleid und die Sympathie für alle Wesen in ihrer Gebrochenheit zu erlernen; die „Geringsten dieser Welt" als Zeichen für das Geheimniss des Leidens zu begreifen; die Brücke zwischen dem Innen und dem Außen herzustellen; mühelos von der Aktion in die Kontemplation und umgekehrt wechseln zu können. Dadurch lernt man dann nach und nach das

Mitleid und die Sympathie für den „Geringsten dieser Welt", für das gebrochene Wesen, das man selber ist. Man erkennt dann deutlich, daß man selbst ja auch ganz arm ist. Man ist selbst voller Leid und negativer Elemente, und dem ist im Augenblick gar nicht abzuhelfen.

Ich erhole mich derzeit von einer Operation. Ich muß daheim sitzen und mir meine eigene Gebrochenheit und Absurdität anschauen, genau so wie ich noch unlängst in der öffentlichen Suppenküche gesessen und mir die Gebrochenheit und Absurdität anderer Menschen angeschaut habe. Die Armut des Armen in der Suppenküche ist sichtbar und äußerlich; meine Armut ist unsichtbar und innerlich, aber genauso wirklich. Beide Ausdrucksweisen der Armut treffen sich in Sympathie und Mitleid, und beides verschränkt sich zu einer einzigen Wirklichkeit. Ich glaube, aus diesem Grund hat Jesus gesagt, wir sollten Christus in unseren geringsten Brüdern und Schwestern wiedererkennen. Das aber sollten wir um unserer *eigenen* Erlösung, Befreiung und Heilung willen tun. Wenn wir uns auf diese Wirklichkeit da draußen einlassen, geht sie uns auch da drinnen auf; wir werden dadurch freier und neigen immer weniger zum vorschnellen Urteilen. Ich kann dann den Menschen, der von der Fürsorge lebt, nicht mehr verachten, denn mir ist ja aufgegangen, daß ich selbst von Gottes Fürsorge lebe. Das wird dann alles zu einer einzigen Wirklichkeit, und die innere und die äußere spiegeln einander gegenseitig.

Wenn wir den Armen und Ausgestoßenen Mitleid und Sympathie zuwenden, werden Wunden versorgt – sowohl diejenigen der anderen als auch unsere eigenen. Wir werden nie alle Wunden versorgen können, und das wird auch gar nicht von uns verlangt; aber wir müssen uns unbedingt ganz konkret um Wunden kümmern. Dieser Gedanke wird in den Evangelien besonders deutlich an der Gestalt des Apostels Thomas, des Zweiflers, veranschaulicht. Er möchte alles mit dem Kopf erfassen und begreifen. Er hat zu viel rein innerlich bewältigt, hat zu viel zu analysieren und zu erklären versucht. Bevor er den nächsten Schritt tut, braucht er immer erst eine Menge exakter Daten. Da sagt Jesus zu ihm, er solle seine Finger in seine Wunden legen. Dann, und erst dann fängt er zu begreifen an, was es mit dem Glauben auf sich hat.

Ich glaube, Thomas steht als Archetyp dafür, was unsere Kirche in der Geschichte weithin gewesen ist. Die Kirche hat immer wieder versucht, alle theologischen Fragen durch gedankliche Analyse und und akademische Reflexion zu lösen. Das funktioniert nicht. Es führt zu einem wirklichkeitsfremden Glauben, der ohne jede Leidenschaft ist, ohne jede Leibhaftigkeit und Antriebskraft. Er produziert nur endlos neue theologische Distinktionen, Bücher und Zeitschriftenaufsätze, während die Welt daran vorbeigeht und fragt: Was soll's? Das wäre nicht passiert, wenn wir uns besser an Jesu Anweisung gehalten hätten, nahe bei den Armen zu bleiben. Die Armen hätten uns in der Nähe zum Evangelium gehalten, auf Tuchfühlung zu den wirklich wichtigen Fragen und Themen, zu dem Christus-Kind in uns und da draußen.

Ich habe den Eindruck, in vieler Hinsicht sind wir viel mehr zu einer Kirche des Levitikus statt des Exodus geworden. Im Buch Levitikus geht es vorwiegend um den Kult. Wenn der Klerus und die Zeremonien das Übergewicht bekommen und den Bezug zu den Armen verlieren, dann dominiert in der Kirche das Buch Levitikus. Unsere Hauptsorge gilt dann den Gesetzen und Riten, den Strukturen, den Zeremonien und Gewändern – kurz, allem, was im Innern des Kirchengebäudes vor sich geht. Aber das Wesentliche, das Kirche eigentlich ausmacht, spielt sich nicht in diesem Innenraum ab.

Die vom Buch Exodus inspirierte Kirche dagegen ist die Kirche, die in Kontakt mit den Armen ist und ihr Schreien hört. Das ist die Kirche auf der Pilgerschaft, die Kirche, die voll damit beschäftigt ist, sich in die Geschichte der Menschen einzubringen, in die äußere Welt. Sie bemüht sich um die Befreiung von jeder Art von Sklaverei: Es ist die Kirche, der es um Lebensstil und Einsatz geht. Auf ihrer Wanderung lernt sie einen viel draufgängerischen Gott kennen als denjenigen, dem eine vom Levitikus beherrschte Kirche beflissen dient. Ich genieße den Vorzug, daß mich meine Reisen sehr oft zu dieser Kirche des Exodus hinausführen. Ich treffe viele großartige Katholiken, die an vorderster Front stehen und dort sorgfältig auf die Armen hören. Sie sind durch die Schule der Tradition gegangen; sie wissen, was sie wissen, sie lieben, was sie lieben, und sie leben dementsprechend konsequent. Mich ermutigt es, immer mehr Vertretern dieser Art von Kirche zu begegnen. Doch glaube ich und akzeptiere ich auch, daß das immer eine kleine Gruppe, eine Minderheit bleiben wird – genau wie im Buch Exodus.

Was ist für Sie das Schwierigste bei dieser Kunst, Aktion und Kontemplation auf einen Nenner zu bringen?

Ich glaube, das Schwierigste daran ist, mich selbst aus dem Weg zu nehmen. Es geht um einen Prozeß der Bekehrung, und Bekehrung bedeutet: Sich selbst hergeben, alle Sicherungen loslassen, sich restlos anvertrauen. Das fällt jedem von uns sehr schwer. Man kann es sich zum Beispiel nicht zum Programm machen, sich selbst herzugeben. Wenn man sich das als Programmpunkt vornimmt, wird es zu einem Unternehmen der Selbsterfahrung und führt zu gar nichts. Daraus wird dann nur eine neue Weise, seine spirituellen Muskeln spielen zu lassen und dann wieder alles in den Griff zu nehmen, mit dem befriedigenden Gefühl, sich jetzt in die Hingabe an Gottes Willen eingeübt zu haben.

Die Aufgabe, sich selbst herzugeben, ist äußerst vertrackt. Das ist nicht etwas, was man irgendwann tut, sondern etwas, das einem angetan wird, das einem irgendwann passiert. Im Neuen Testament wird das an einer Stelle sehr gut beschrieben, nämlich da, wo Johannes (Joh. 21,18f.) von der ersten Lebenshälfte spricht, in der jeder das tut, was er für richtig hält und tun will, und wo jeder hingeht, wo er will. In der zweiten Lebenshälfte jedoch packt einen ein anderer. Man kann bloß noch die Hände ausstrecken, sich den Gürtel umlegen und führen lassen, wohin man von sich aus nie gegangen wäre. Diese Hergabe, dieses Sich-Überlassen seiner selbst ist eine Sache unserer zweiten Lebenshälfte. In unserer ersten Lebenshälfte müssen wir zunehmen, damit Christus in uns zunehmen kann. Erst in unserer zweiten Lebenshälfte wartet dann die Aufgabe Johannes des Täufers auf uns, oder das gerade Erwähnte, das wir am Ende des Johannesevangeliums hören. In meiner zweiten Lebenshälfte muß ich abnehmen, damit Christus in mir zunehmen kann. Das ist der Weg Johannes des Täufers, und das mutet höchstwahrscheinlich kaum wie Selbstverwirklichung an.

Oft stellen wir Leuten schon in ihrer ersten Lebenshälfte diese Aufgabe, die erst in der zweiten Lebenshälfte ansteht. Aber einem Zwanzigjährigen kann man noch nichts von Selbstaufgabe erzählen. Zuerst einmal muß dieser Jugendliche gründlich die Erfahrung machen, daß er geliebt wird; sein Ego und seine Persönlichkeit müssen zunächst ein kräftiges Rückgrat entwickeln. Alles Reden vom Opferbringen biegt er sonst geschickt in verschleierte Selbstverwirklichung um. Ich fürchte, das ist mit vielen jungen, idealistisch eingestellten Seminaristen und Novizen in unserer Kirche passiert. Man hat ihnen zu früh vom Opferbringen und von der Selbstverleugnung erzählt; aus einem gesunden Instinkt heraus haben sie das unmerklich in Techniken der Selbstfindung umfunktioniert; verdorben und auf der Strecke geblieben ist dadurch das Ideal der Hingabe und des Sich-Loslassens, das in der zweiten Lebenshälfte so wichtig gewesen wäre.

Wenn dagegen alles richtig läuft, wenn man sich integer und aufrichtig auf den Weg macht und seine guten Gaben zunächst einmal entfaltet, kommt man an einen Punkt (gewöhnlich in den Mittdreißigern oder Anfang vierzig), wo man merkt, daß man jetzt allmählich loslassen muß, weil man sich zu sehr darin verkrampft hat, die Wirklichkeit und sein eigenes Leben fest im Griff zu behalten. Man hat jetzt seine festen Gewohnheiten und Techniken, und aus vergangenen Erfahrungen weiß man, was man alles wie hinbringen kann. So läuft man Gefahr, immer mehr die Leute unsanft herumzuschieben und alles, was sich abspielt, gewaltig zu manipulieren. Im Grund bleibt für Gott gar nichts mehr zu tun; er wird entbehrlich. Man hat jeden einzelnen Schritt selbst voll unter Kontrolle, man kriegt die Gefühle, die man kriegen will, man geht allen Unannehmlichkeiten und Schmerzen, die man nicht brauchen kann, geflissentlich aus dem Weg.

Ich beobachte das ständig in meinem eigenen Leben. Ich organisiere mein Leben immer wieder entsprechend meinen eigenen Vorstellungen von Heiligkeit. Aber die Heiligkeit kann man nicht in feste Vorstellungen pressen. Worin besteht sie? Ich glaube, man kann sie nur an ihren Wirkungen erkennen. Wo Heiligkeit da ist, da empfinden die anderen die Ausstrahlung einer bestimmten Art von Freiheit, Vitalität, Einfachheit, Mut, Humor und Spontaneität. Sie ist wie das Elektron, das wir aus der modernen Physik kennen. Man kann es mit keinem Instrument direkt sehen oder messen; man kann es nur erschließen, indem man die Wirkungen beobachtet, die es auf alles andere ausübt.

Es gibt viele Formen der Heiligkeit. Wir sind allzusehr von einer offiziellen Definition der Heiligkeit befangen. Als Jugendlichem wurde mir von dem jungen heiligen Aloisius erzählt, er habe immer schnell weggeschaut, wenn ihm ein schönes Mädchen begegnet sei; und da seine Mutter auch eine schöne Frau war, habe er ihr nie ins Gesicht geschaut. Das hat nichts mit Heiligkeit zu tun; das ist schlicht gestört. Warum sollte Gott ein schönes menschliches Antlitz erschaffen und uns dann befehlen, es ja nie anzuschauen? Ein Heiliger wäre eher jemand, der diese Schönheit anschaut und sagt: Ja, das gefällt mir. Gott hat mich dazu bestimmt, mich darüber zu freuen. Das heißt nicht, daß ich Besitzgier und Leidenschaft danach entwickeln und selbstsüchtig danach greifen sollte; aber bestimmt darf ich mich darüber freuen und sie einfach so stehen lassen. Darin besteht Integration, so äußerst sich Ganzheit und Heiligkeit.

Allzuoft hat die Kirche Heiligkeit als Dienstbarkeit und Gehorsam definiert, denn solche Heilige haben die Mächtigen gern um sich, weil sie mit ihrer Hilfe ihre

Macht stabilisieren und genießen können. Diejenigen ganz an der Spitze definieren den, der genau das tut, was sie sagen, als heilig. Aber schmeckt das nicht allzusehr nach Selbstbedienung? Wenn Sie als Eltern zwei Kinder haben, das eine allzu lebhaft und das andere ganz gehorsam – welches bezeichnen sie als „gutes Kind"? Wahrscheinlich das gehorsame, weil man mit solch pflegeleichten Kindern ein geruhsameres Familienleben hat. Aber wer weiß, was auf lange Sicht aus diesen beiden unterschiedlichen Kindern wird? Es könnte sein, daß das rebellischere, das selbständig denken wollte, das Ihnen tausend Fragen gestellt hat, auf die Sie keine Antwort wußten und das Ihnen viel mehr Schwierigkeiten gemacht hat, später im Leben viel mehr für die Welt tut und sich wesentlich gesünder und dynamischer entfaltet.

Ich glaube ganz fest daran, daß wir der Auslieferung unserer selbst bedürfen, aber ich glaube nicht, daß man das zu früh vorsehen kann. Diese Auslieferung ist ein Uns-selbst-genommen-Werden, wenn die Zeit dafür reif ist. Sie geschieht an uns; wir können sie nicht künstlich machen. Ich habe gründlich Joseph Campbells Bücher über die Reisen der Helden in Mythen und Geschichte studiert. Er sagt, der einzige Weg dazu, ein Held zu werden, bestehe darin, sich darauf vorzubereiten und *bereit zu sein*, bis der Augenblick kommt. Man kann sich seinen Drachen, den man schließlich besiegen wird, nicht selbst aufziehen und den Termin für den Kampf zu früh ansetzen. Der Drache und die Gelegenheit zum Kampf brechen immer unversehens über den Helden herein, und alles, was er vorher tun kann, ist *bereit sein*. Jesu Lehre darüber ist eindeutig: Wenn die Krise kommt, muß man zu einer mutigen, bewußten Reaktion fähig sein; dann kann man eine Heldentat vollbringen. Das bringt uns zum unlängst ausgefochtenen tragischen Krieg zurück.

Für mich war es eine sehr ernüchternde Erfahrung, mit ansehen zu müssen, wie unvorbereitet wir alle darauf waren. Als die große Krise eintrat, waren die meisten von gar nicht darauf gefaßt. Jesus hat uns gesagt, derlei Krisen kämen wie der Dieb in der Nacht. Er sprach nicht bloß vom Tod und dem Leben danach. Er sprach auch von den Krisen, die uns eine schnelle, angemessene Reaktion abverlangen; von den Krisen, in denen wir spontan zeigen müssen, um was es geht, und in denen wir blitzschnell aus tiefer Überzeugung und Charakterfestigkeit reagieren. Plötzlich kam dieses ungeheure, herbeimanipulierte Ereignis über uns, und die Seelen der meisten von uns waren nicht gerüstet, die Lüge zu durchschauen, die Illusion, die Rhetorik, die bloß auf den eigenen Vorteil aus war. Wir hingen unsere bunten Bänder heraus, winkten mit unseren Fähnchen, das Evangelium ging den Bach hinunter und zehntausende Iraker starben. Einen Tag vor Kriegsbeginn waren laut Umfragen 80 Prozent der US-Bürger dagegen. Einen Tag nach Kriegsbeginn waren, laut den gleichen Umfragen, 80 Prozent dafür. Was das über unser Land und unsere Kirche sagt, ist trostlos.

Wie bereiten Sie sich selbst auf solche Krisenmomente vor?

Ich glaube, man wird bereit, indem man sich nicht selbst im Weg steht. Alle großen spirituellen Schulen der Welt weisen darauf hin. Man bereitet sich auf heroische und heilige Taten dadurch vor, daß man sich selbst, seine Bedürfnisse und Wünsche nicht zu ernst nimmt und indem man seinen eigenen Gefühlen, Sicherheiten und Interessen nicht den ersten Rang einräumt. Drehen sich nicht die drei klassischen Disziplinen der christlichen Spiritualität: Beten, Fasten und Almosengeben alle darum? Wenn wir beten, fasten und Almosen geben, dann bringen wir damit zum Ausdruck: Ich bin nicht der Nabel der Welt. Gott ist die Mitte, nicht ich. Verliert man diese Disziplin aus den Augen, so verliert man die Fähigkeit, klar zu sehen. Alles wird dann durch das Prisma des Ego und der egoistischen Bedürfnisse gefiltert und danach bemessen, ob das Ego Wertschätzung und Beifall erfährt.

Die meisten Leute, die auf den fahrenden Zug des Golfkrieges aufgesprungen sind, waren gute Leute. Und was anscheinend geschehen ist, war, daß alle ihrem lebhaften Wunsch gefolgt sind, sich schleunigst wieder gut zu fühlen. Sie wollten alle ein gutes Gefühl darüber haben, was wir taten und ein gutes Gefühl darüber, daß unserer Truppen da unten im Einsatz waren. Folglich gingen alle Bedenken aus Gründen des Gewissens und der Moral den Bach hinunter. Niemand wollte sich dem schmerzlichen Anspruch stellen, innnerlich nicht recht zu wissen, was richtig sei, niemand wollte sich allzulang mit dem leidigen Abwägen von Pro und Contra herumschlagen. Wir wollten einfach schnell wieder ein gutes Gefühl von Amerika und unserer Rolle darin haben.

Aber wissen Sie, für mich bedeutet das, sich vor dem Pascha-Geheimnis zu drücken. Mitten in der Eucharistiefeier machen wir Halt und bekennen das Geheimnis unseres Glaubens. Nicht irgendein Geheimnis, sondern *das* Geheimnis. „Deinen Tod, o Herr, verkünden wir und deine Auferstehung preisen wir, bis du kommst in Herrlichkeit." Das ist es. Das Pascha-Mysterium. Im Osten nennen sie es das Yin und Yang aller Wirklichkeit. Als Jungianer nennt man es Schatten und Licht. Es ist eine Aussage über das Geheimnis des Lebens: Eine Hälfte des Lebens sei voller Tod, Leid, Unrecht, Absurdität, Lüge; sie sei fruchtlos, fordere schwere Entscheidungen und ungeheure Anstrengungen. Das steckt im „Deinen Tod, o Herr, verkünden wir." Die Kehrseite dieses Geheimnisses lautet: Die andere Hälfte des Lebens sei voller Freude, Schönheit, Heiterkeit und Liebe. Das steckt im „...und deine Auferstehung preisen wir."

Erst unlängst habe ich eine Krebsgeschwulst an meinem Bein entdeckt. Die erste Prognose lautete, ich hätte noch zwei bis sechs Monate zu leben. „Dein Tod, o Herr, verkünden wir." Nach der Operation sah mein Haus wie ein Blumenladen aus. Viele meiner Freunde hatten mir die bedingungslose Liebe bekundet, die sie für mich empfinden. „...und deine Auferstehung preisen wir." Ich würde den Rest meines Lebens dafür brauchen, um all die Liebe zu genießen und zu verdauen, die mir in den letzten paar Wochen zuteil geworden ist. Immer, immer gibt es im Leben dieses Pascha-Mysterium, dieses Ineinander von Freude und Schmerz, Reichtum und Armut, Schatten und Licht. Immer ist beides miteinander verwoben.

Das Geheimnis unseres Glaubens ist das Pascha-Mysterium. Die Kirche muß das fest und unverrückbar verkünden, heutzutage lauter denn je. Wir müssen uns mit der Frage auseinandersetzen, was dieses Pascha-Mysterium in heutigen Begriffen bedeutet, hier und jetzt, mitten in unserem Leben; was es bedeutet angesichts der Abendnachrichten. Tun wir das nicht, so werden im Lauf der Zeit immer mehr solche Katastrophen wie der Golfkrieg unser Gewissen und unsere Integrität als Christen aufzehren. Es geht jetzt um globale

Entscheidungen. Und auf dem Spiel steht die Glaubwürdigkeit des Evangeliums selbst.

Für mich und, wie ich weiß, auch für andere ergibt sich folgendes großes Problem: Wir machen einen gewissen Fortschritt, wenn wir uns in der beschriebenen Weise anstrengen, also inneres und äußeres Tun miteinander verbinden. Aber dann ruhen wir uns auf unseren Lorbeeren aus und schauen in die Runde. Und wir kommen uns besser als alle andern vor. Wie läßt sich solche Selbstgerechtigkeit vermeiden?

Welchen Mißstand Sie auch immer in der Außenwelt sehen: Die Tatsache, daß Sie ihn überhaupt zu sehen vermögen, deutet darauf hin, daß Sie ihn bereits in Ihrem eigenen Inneren erkannt haben, folglich also sich dessen bewußt sind, daß Sie weiterhin zum Schlechten fähig sind. Solange Sie die Sünde nicht in sich selbst zu erkennen, werden Sie sie wahrscheinlich auch nicht da draußen wahrnehmen können.

Die zweite schwierige Herausforderung besteht darin, die Menschen zu lieben, die nicht Ihrer Meinung sind und nicht auf der Stelle Ihr Anliegen übernehmen. Sie können nicht unverzüglich jeden, der Ihnen nicht zustimmt, als Heiden, Atheisten oder rechten Kriegstreiber abschreiben. Auch diese Menschen sind auf dem Weg, also in einer Entwicklung begriffen. Gott hat *Sie* an diese bestimmte Stelle der Erkenntnis geführt, und Sie haben ja auch noch nicht alles ganz auf die Reihe gebracht.

Das ist nicht einfach. Einerseits können wir dem Bösen nicht als Naivlinge gegenübertreten. Wir müssen es beim Namen nennen, wenn wir darauf stoßen – in uns und in anderen. Aber wir dürfen nicht auf der Stelle die

Gegenseite rundweg verurteilen, als habe sie keinerlei Verdienst oder Gewissen. Wir dürfen das Böse nicht sauber verpackt rundweg der einen Gruppe oder Person da drüben zuteilen und uns dann selbst genehmigen, sie zu verachten. Wir alle versuchen irgendwie moralisch zu leben. Ich kenne Leute, die das mit Diät versuchen, andere engagieren sich für die Umwelt oder für Fragen sozialer Gerechtigkeit. Wir verabscheuen die alte Kirche, weil sie so dogmatisch und autoritär ist, aber wir verurteilen jemanden in Grund und Boden, der ein Stück Fleisch ißt oder eine Aluminiumbüchse in den normalen Müll wirft. Damit erklären wir solche Taten zur Todsünde – nach genau demselben Muster, nach dem man früher eben die Unkeuschheit zur Todsünde erklärt hat.

Ich lehne das bei der Kirche ab, aber gleichzeitig sehe ich, daß ich in mir selbst genau die gleichen Tendenzen habe. Und dabei möchten wir doch gar keine neuen Anlässe zu Selbstgerechtigkeit, Überheblichkeit und falschem Überlegenheitsgefühl schaffen. Je älter ich werde, desto mehr stelle ich fest, daß dieser ganze Mechanismus immer raffiniertere Formen annimmt. Das ist dann nur eine neue geschickte Art, andere zu beherrschen und zu kontrollieren, eine neue Spielart des Totalitarismus, eine neue Weise, nichts aus der Hand zu geben. Wir können nicht glauben, daß Gott im Leben anderer tatsächlich genauso am Werk ist wie in unserem eigenen Leben.

Für mich ist die Kirche der sichtbare Ausdruck dessen, wo die Geschichte der Menschheit heute steht und wie die Gnade hier und heute die Menschheitsgeschichte trifft. Die Kirche spiegelt in vieler Hinsicht das, was wir noch nicht sehen können und trotzdem schon ein bißchen zu sehen anfangen. Der Heilige Geist

ist ihr immer ein paar Schritt voraus, und sie billigt dann immer im Nachhinein, was uns der Heilige Geist schon länger hat erkennen lassen. Sie kommt daher, sieht, was los ist und was die andern bereits entdeckt haben und verkündet schließlich: Ja, Gott ist gegen den Rassismus. Ja, Gott ist gegen den Sexismus. Ja, Gott ist gegen das Töten. Ja, Gott liebt die ganze Schöpfung, auch die Pflanzen und Tiere und die Erde selbst. Petrus kommt auf seinem Lauf immer ein bißchen zu spät ans Grab (vgl. Joh 20,1–8). Aber immerhin: Er kommt schließlich auch dort an!

Ich sehe das Pascha-Mysterium, die Schatten und Lichter aller Dinge, mitten in der Kirche. Einerseits ist die Kirche das glorreiche Antlitz Christi. Andererseits ist sie die Hure von Babylon, die Christus durch und durch untreu ist. Sie behauptet, mit absoluter Sicherheit alles über Geburtenkontrolle oder Eheleute oder Priestertum für Frauen zu wissen (worüber Jesus nichts gesagt hat), und gleichzeitig genehmigt sie sich eine bequeme Unsicherheit, wenn es um Gewaltlosigkeit und Reichtum und Armut geht (worüber Jesus *absolut Eindeutiges* gesagt hat).

Was mir besondere Sorge bereitet, sind die jungen Leute, die mit so wenig Sinn dafür aufwachsen, wo etwas Heiliges in ihrem Leben zu finden ist, wo sie Identität, Anleitung und Grenzen finden können. Wenn ich auf mein eigenes Leben schaue, sehe ich, daß selbst ich, der ich so begünstigt mit allem war, dem eine gründliche Ausbildung und Erziehung zu Gebet und Spiritualität vergönnt war, achtundvierzig Jahre gebraucht habe, um mich allmählich einigermaßen ehrlich und mit echter Überzeugung dem spirituellen Leben zu widmen. Welche Startbedingungen hat da der achtzehnjährige verwirrte, desorientierte Jugendliche aus Akron in Ohio? Wer wird ihm Unterricht geben, ihn anleiten? Diese Sorge treibt mich dazu an, immer wieder zu predigen, auf Bänder zu sprechen und Bücher zu schreiben. Woher soll die junge Generation unserer Gesellschaft ihren Glauben beziehen? Der Glaube ist etwas so schwer zu Fassendes.

Ein Lieblingsgedanke in meinen Vorträgen ist: Glauben bedeutet, etwas hergeben, das man noch gar nicht hat. Darum ist es Glauben; weitgehend ist das ein Handeln aus völliger Blindheit heraus. Ich möchte hier ein Wort für unsere katholische Tradition einlegen. Der Katholizismus hat in seiner zweitausendjährigen Erfahrung ein ganze Menge Weisheit über die Finsternis, über die leidvolle Seite des Pascha-Geheimnisses angesammelt. Die Wüstenväter, die Mystiker, die Heiligen, die Ordensgründer/innen, das waren alles Menschen, die genug Licht aufgenommen hatten, um sich auch auf das Risiko der Finsternis einlassen zu können. Heutzutage sind wir geneigt, unter „Glauben" eher zu verstehen, daß man Antworten hat, Gewißheit findet, sich über unklare Dinge im Klaren ist und mit absoluter Sicherheit weiß, daß man das Richtige tut, bevor man einen Schritt weitergeht oder etwas riskiert. Bei diesem Verständnis von „Glauben" kreisen wir nur um seine lichtvolle Seite und meiden geflissentlich seine finstere.

Aber ein Blick auf unsere Tradition zeigt rasch, daß der Glaube in Wirklichkeit das Gegenteil von Gewißheit ist. Zu glauben, das bedeutet eher, den Mut haben, in die Finsternis vorzudringen und alle Gewißheit fahren zu lassen. Es bedeutet, etwas wagen, sich dem Übervorteiltwerden aussetzen, mit Geschick durch riskante, ungewisse Wasser steuern, alle Absicherung loslassen und darauf vertrauen, daß Gott einen immer auffangen wird. Es bedeutet, sich auf das Geheimnis der Wirklichkeit einzulassen, ohne sicher vorauszuwissen, was uns noch alles blüht oder ob alles gut ausgehen wird.

Auch hier spiegeln sich das Innere und das Äußere gegenseitig. Vielen von uns geht persönlich auf, was Glaube eigentlich ist. Gleichzeitig mehren sich in der äußeren Welt die Zeichen, daß unser ganzer Fortschrittsglaube in den letzten Zügen liegt. Mit diesem Fortschrittsglauben meine ich unseren naiven Optimismus, alles werde immer besser werden, die menschliche Vernunft werde noch die letzten Probleme in den Griff kriegen und die Technologie werde uns schon wieder aus dem Schlamassel herausholen, in das sie uns gesteuert hat. „Immer schneller, höher, weiter, besser": Diese blauäugige Lebensphilosophie hat langsam, aber sicher ausgedient.

An ihre Stelle scheint sich ein postmodernes Bewußtsein zu schieben. Darin sind plötzlich wieder nichtrationale Dimensionen gefragt, das Okkulte interessiert wieder, das Intuitive, Spirituelle – New Age, das Neue Zeitalter. Man kann es daran ablesen, wie sich die Leute bewegen, an ihren Rhythmen und Liedern. Es bringt eine neue Art des Wissens mit sich, eine Weise, auf anderen Wegen als denjenigen der Vernunft Richtung und Anleitung zu finden. Ich hoffe, wir entdecken in diesem Zeitalter neue Dimensionen des biblischen Glaubens, einen neuen Zugang zu unserer christlichen Weisheitstradition, die das Nichtrationale mit dem Rationalen in Einklang bringt. Die Vernunft allein hat völlig versagt. Unser gesamter Globus wird derzeit von Hochschulabsolventen zugrundegerichtet.

Wie sieht heutzutage Ihr Beten aus?

Mir kommt es so vor, als hätte ich erst kürzlich an meinem Körper die unmittelbare Erfahrung der beiden Hände Gottes gemacht, sowohl der Linken, die das schmerzliche Geheimnis birgt, als auch der Rechten, die der zärtliche, großzügige Liebhaber führt, der mir alles schenkt, was ich brauche. Im Gebet geht mir auf, daß ich es allmählich fertigbringe, mich diesen beiden Händen Gottes anzuvertrauen. Als ich mich mit den grundlegenden Fragen herumschlug; als ich mir ernsthaft die Frage stellte, ob ich selbst an die Auferstehung glaube, die ich mein Leben lang gepredigt habe, merkte ich, daß Gott immer bei mir war, daß die Beziehung zu ihm nie abgebrochen ist. Ich hätte Gott unmöglich aus meinem Leben verbannen können. Da ging es um zu Großes und zu Vitales. Das läßt mich fest auf das Gebet vertrauen, das ich als Kind immer wieder verrichtet habe, auf dieses „jetzt *und* in der Stunde unseres Todes." Das „Gegrüßet seist du, Maria" hat gewirkt!

Beim Rückblick auf mein Leben sehe ich, daß mich die beiden Hände Gottes hierher geführt haben, wo ich heute stehe. Sie haben mich auf meinem ganzen Weg geleitet, sind mir nie von der Seite gewichen. Zeitweise mag ich das nicht gesehen haben, aber im Rückblick wird mir das deutlich. Und jetzt glaube ich, dank der Gnade Gottes darf ich voll Vertrauen in die Zukunft weitergehen. Ich weiß ja aus der Vergangenheit, wie gut mich diese beiden Hände immer umsorgen.

Ich habe das Empfinden, daß ich derzeit viel Alleinsein brauche. Ich bin ein extrovertierter Typ, aber im Augenblick stürmt zu viel Schmerz auf mich ein, schreit zu viel Ungerechtigkeit zum Himmel, rennt zu viel sinnlose Wirklichkeit gegen mich an. Nur das Schweigen und die Einsamkeit bieten genug Raum und Tiefe, um alle Widersprüche in sich aufnehmen zu können. Da genügen nicht mehr Worte, keine Erklärungen mehr aus Büchern, keine Theologie, auch nicht meine eigenen Tonbänder und Bücher. Nur das Schweigen hilft da noch. Ich spüre recht deutlich: Würde ich über den Glauben und die Bibel so reden und predigen, als wüßte ich genau, wovon ich rede, dann muß ich weiter gründlich meine Brille putzen. Ich muß mich weiterhin darum bemühen, mir selbst nicht im Weg zu stehen, um einigermaßen sicher zu sein, daß ich nicht meine eigenen Rezepte, sondern Gottes Absichten verkünde. Ich möchte immer aus einem Herzen heraus predigen, das von Gebet erfüllt ist. Aus diesem Grund sind für mich das Schweigen und das Alleinsein unerläßliche Voraussetzungen für die Ausübung meines Berufs.

Wenn ich gründlich die Brille putze, stellt sich eine Klarheit ein, die es mir erlaubt, ohne Ärger, Angst oder lieblose Kritik zu leben. Gelegentlich scheint die lieblose Kritik die einfachste Antwort auf das schmerzliche Geheimnis zu sein. Sie klingt schlau und läßt einen intelligent erscheinen, aber aus ihr spricht nicht der Geist Jesu. Sein Geist ist geduldiger, hat mehr Vertrauen, findet jederzeit Anlaß zu Humor und Schönheit und kann noch den schlimmsten Dingen eine gute Seite abgewinnen. Mitten in allem Schmerz, in aller Ungerechtigkeit und Sinnlosigkeit des Pascha-Mysteriums erklingt das „…und deine Auferstehung preisen wir." Diese Macht kann ich nicht mehr bezweifeln oder leugnen.

Richard Rohr entfesselt die Bibel

„Erstaunlich, wie überzeugend und mitreißend der Autor die Aktualität und Lebenskraft der biblischen Aussagen und Erfahrungen vermittelt" *(Das neue Buch).*

5. Auflage 1992. 185 Seiten, Paperback. ISBN 3-451-21870-4

„Besonders geeignet für Einsteiger in die Bibel, da Rohr keine Voraussetzungen macht – außer der einen: ein offenes Ohr und Herz zu haben für die großartige Liebesgeschichte Gottes mit den Menschen" *(Lebendiges Zeugnis).*

4. Auflage 1992. 238 Seiten, Paperback. ISBN 3-451-22043-1

Verlag Herder Freiburg – Basel – Wien